自由世界的前哨

烏克蘭戰爭

Ukraine War 2022

沈旭暉、孔德維、尹子軒

主編

夜愈暗，星愈亮

作者／沈旭暉

假如2014年，俄羅斯吞併烏克蘭克里米亞半島（Crimea）後，變成2022年這規模的全方位戰爭，當時「前國安法時代」的香港依然可以暢所欲言，相信包括建制派在內的輿論，可能會一面倒反戰、反俄，但香港人關注程度的持續和切膚之痛，卻可能遠遠不及已經難以發聲的當下。一水之隔的臺灣，當時依然是國民黨的馬英九總統執政，和北京關係處於蜜月期，政府要像今天民進黨那樣旗幟鮮明挺烏克蘭、制裁俄羅斯，在中國因素下，卻可能投鼠忌器。

對烏克蘭人而言，這場早在2014年就開始的戰爭，到了今天不過是，殘酷的延續、無限升級，但它們和俄羅斯的關係、日以繼夜承受的壓力，其實一直沒有改變。但我們熟悉的故鄉，卻物是人非，種種大變，早換了人間。

2014年，改變香港歷史的雨傘運動之前數月，烏克蘭經歷了廣場革命（**Euromaidan**），幾個月的群眾努力後，最終成功推翻了親俄總統亞努科維奇（**Viktor Yanukovych**），不少香港人當時得到極大鼓舞，相信民意可以戰勝極權。運動期間，不少香港人都以烏克蘭的經歷互勉，雖然結果事與願違，但與烏克蘭的心理距離大幅度拉近。我那時候的香港公司也曾在2017年舉辦烏克蘭深度遊，參觀了2014年革命有關的種種景點，深深感到一切似曾相識。

到了2019年的香港反送中運動，講述2014年烏克蘭革命的紀錄片《凜冬烈火：烏克蘭自由之戰》（**Winter on Fire: Ukraine's Fight for Freedom**）成為街頭映畫熱門選擇，不少香港人通過烏克蘭人的經歷，堅定了抗爭勇氣，當然，也理解到前路的迷茫與不可測。當時香港依然有《蘋果日報》，他們曾主辦一場《凜冬烈火》放映座談會，邀請我當嘉賓，記得當日居然有數百人到《蘋果日報》大樓放映室，提問非常積極，彷佛香港就是烏克蘭戰場。

烏克蘭街頭畫家Vladi也在運動期間，在街頭繪畫第一手實況的運動版畫，深受香港市民歡迎。想不到《港區國安法》通過後，連支持烏克蘭人抗俄，也被官媒恐嚇為「違反國安法」，Vladi也被「新香港」政府拘捕、驅逐回國，反而更堅定了香港和烏克蘭的同氣連枝。

為聲援烏克蘭人民，我們的社交媒體和香港「流白之間」劇團在疫情高峰期間，舉辦了一場網上讀劇義演，獲原作者、烏克蘭編劇及電影導演Natalya Vorozhbit及翻譯Sasha Dugdale授權，將劇本《Bad Roads》改編為廣東話版，全部網上門票收益不扣除成本，均捐予烏克蘭組織Come Back Alive，籌得超過45萬新台幣，充分反映這種救人自救精神。「Stand with Ukraine」和「Stand with Hong Kong」、「Stand with Taiwan」，終於進入自然契合的串連。

「新香港」政府雖然整頓、解散了幾乎所有自由媒體，大量熱情無限的新聞工作者卻釋放了更多潛能，幾位香港記者、攝影師冒險進入烏克蘭戰地，而且不是一鱗半爪的「後戰地」打卡報導，而是長駐當地幾個月，和烏克蘭人一起經歷、見證這場歷史巨變。我在臺灣的同事《同文》新聞網站團隊，也派出記者到烏克蘭-波蘭邊境，深度採訪大後方和難民營。

在臺灣，廣場革命和太陽花運動也近乎同步出現，到了2022年，支持烏克蘭的臺灣集會如雨後春筍，不少在臺灣讀書、工作的烏克蘭人都走到最前線，呼籲世人支持家鄉。其實，他們同時也是在保衛臺灣，警告和俄羅斯同類思維的極權不要輕舉妄動。烏克蘭人奮勇抗敵的表現，除了為臺灣自衛打下強心針，也令世界各國更關注台海局勢，臺灣周邊的印太強國無不對共同對手憂心忡忡。「支持烏克蘭就是支持臺灣」，令臺灣人民的國際視野空前高漲。臺灣政府開設的援助烏克蘭戶口，更具有劃時代象徵意義。

「夜越暗，星越亮。」無論對烏克蘭、還是香港，無論大黑暗時期有多長，我們深信，某時某地，終有一天，會迎來光明的新生。

這是世界大戰的前哨戰嗎？

作者／孔德維

經歷第一次世界大戰的西歐知識人在1920年代稱在戰時長大的一代年輕人為「迷惘的一代」或「失落的一代」（**Lost Generation**）。為何一代人會「迷惘」呢？戰爭對1618年出生的歐洲人大概不會有如此震撼，他們由出生到娶妻生子，生活的環境都是在三十年戰爭（**Thirty Years' War**）帶來的亂局當中。二十世紀初的世界，顯然不是如此。「漫長的十九世紀」（**Long nineteenth century**）較於前代可說是太平盛世，雖然西歐諸國的政治精英在第一次世界大戰的十數年前屢起衝突，但外交層面能解決的問題就自然不是庶民生活所需關心的問題。由治而亂，震憾自然無可比擬。當一代人生長在太平環境，步入社會後卻忽爾淪入祇從歷史書見過的戰火之中，所有的期望、預期、想像全數落空，「迷惘」、「失落」當說是情理之中。二十一世紀初的年輕一代，相信對此有心領神會之感。自蘇聯解體以來，世界性的大規模戰爭不復存在幾近30年。2001年以後美國反恐戰爭雖然長達20年，但衝突卻大致局限於西亞一帶；2010年爆發的茉莉花革命（Jasmine Revolution）和後續的阿拉伯之春（The Arab Spring）雖然引致一系列的戰爭與世界性的政治變動，但相關事件也是以北非與西亞為主。對生活於北非與西亞以外地區的人類來說，烏克蘭的戰火可說是重燃了自冷戰以來人類對「世界大戰」與「核子戰爭」等末日危機感的契機。但正如第一次世界大戰以前的十數年，戰火的規劃需要時間累積「因緣」。

不少本書的作者認為今天的烏克蘭戰爭始於2013年11月21日起時任總統亞努科維奇（Viktor Yanukovych）企圖放棄進入歐盟，導致親西方的反對者極力抵抗，促成當時被稱為「廣場革命」（Euromaidan）的大型示威活動出現。數月後，亞努科維奇敗離基輔，但他在烏克蘭東部和南部的親俄支持者卻難以接受基輔事件，在亞努科維奇離任後騷亂甚久。南部的克里米亞（Crimea）、東部的頓內茨克（Donetsk Oblast，又譯頓列茨克、頓內次克或頓涅茨克）和盧甘斯克州（Luhansk Oblast）的親俄國民與俄國互為呼應，武裝叛亂漸次演變為新烏克蘭政府與親俄國民（視乎立場也會被視為俄國代理人或在地協調者（local collaborator）

及俄羅斯之間的戰爭。俄國在2014年3月18日併吞克里米亞，舉世震驚但西方各國卻沒有明顯的動作；烏克蘭國內親西方與親東方的力量自此對立多年。2021年2月22日，烏克蘭與親俄武裝份子再次交戰，大規模衝突重燃，烏克蘭總統澤連斯基（Vladimyr Alexandrovich Zelensky，台譯澤倫斯基或澤雷斯基）強調想透過外交手段解決紛爭，但卻仍陷於戰亂之中，無以停止。在這過程中，俄羅斯一直支持烏國東部親俄力量，至11月更集結軍隊10萬人給及短程彈道導彈。以後數月，各國斡旋甚久，但俄羅斯重兵部署烏國邊境，卻令全面開戰的恐懼流遍世界。

2022年2月24日，俄國統治者普京（Vladimir Vladimirovich Putin，台譯普丁或蒲亭）在一系列外交操作後，在各國以為事情逐步降級之際，授權俄軍於頓巴斯（Donbas）作名為「特別軍事行動」的侵略，同時要求 民航客機禁飛烏克蘭及俄羅斯南部空域，戰事由此一觸即發。至此，俄國與西方各國的互動難免令人聯想至納粹德國在第二次世界大戰中對波蘭、低地各國與法國發動的閃電戰（Blitzkrieg）。然而，烏克蘭的戰局沒有淪入第二次世界大戰西歐各國的慘況，而以異於常人能意料的勇氣與智慧抵抗入侵者；在烏國軍民抵抗之下，發動閃電戰的俄軍陷入泥沼，而自由世界的各國政府與義憤的平民，也獲得了馳援的時間與機會。俄國對烏克蘭的侵略雖然是局限於歐洲的戰爭，但卻引發了國際間鮮見的關注，二十一世紀的世人，會再次成為「迷惘的一代」或是已做好了捍衛自由生活方式的心理準備？過去一個月，世界各國（包括俄羅斯在內）各界人民均表達了強烈的反戰意欲，迫使各國政府作出相應的行動支援烏克蘭。然而，烏克蘭的戰事並非單純的「大國侵略小國」事端，而是自蘇聯解體以來就在東歐與中亞醞釀的矛盾。對筆者來說，真正支持烏克蘭人民的首要步驟，是不落入因戰火而生的悲情，亦不陷於對強權與末日戰爭的恐懼，以抽離冷靜的方式認清今天在烏克蘭的變化，再細思自身在這一大時代中的角色，並以此為基礎行動。

本書是首本聚焦於2022年烏克蘭戰爭的華文書籍，我們希望從多個角度向華語世界的讀者闡明這次戰爭的因由，並探討不同群體與個人的立場與角色。異於單純的學術文章，我們的一些作者以前線獲得的經驗為基礎，描繪了戰場上的不同心靈活動，當中帶有大量讀者能輕易體會的情緒。我們希望讀者能在認識與分析的過程中，納入這種情感作為思考的憑藉，這樣才能作出超越人工智能分析能力的理解。以形象化的方式表達，作者們希盼閱讀本書的過程成為讀者步入烏克蘭友人家庭作客的經驗。本書的首部分是我們的「門戶」，意在加強讀者認識本次戰爭中烏克蘭牽動人心的抵抗形象，以烏克蘭國歌、烏國總統澤連斯基擲地有聲的兩次演講及戰爭時序構成，當中均是可以讓我們辨識到烏克蘭的標誌式事物，也是進入本書內容的預備區域；第二部分的「客廳」，則是紀錄烏克蘭戰爭如何被世界看到的普羅維度，也讓我們知曉烏克蘭戰爭何以異於過去二十年的大小戰爭，牽動世人的心靈，當中包括烏克蘭戰爭中平民的生存狀態、烏俄戰爭在人類歷史與地緣政治的位置、戰爭在各種傳播面的呈現與操作、烏俄戰爭作為近年罕見熱戰的軍事面向等；隨後的第三部則為「書房」，我們希望以國際關係的專業評論為讀者提供理性周詳的分析與討論，包括戰爭的發生脈絡，以及對歐洲、中亞、臺灣等地的政治經濟影響；登堂入室以後，我們希望引領讀者步入第四部分的「庭園」，展望遠在我們家鄉的的烏克蘭友人，或是由我們家鄉遠赴烏克蘭的遊子，以第一身經驗為讀者提供更多維度的國際視野與文化比較。由「庭園」遠眺，或許可見「此處」與「彼處」沒有想像中的遙遠，而是以有形與無形的方式牽繫一起。

戰爭之令人「迷惘」，乃因社會結構的「日常」在動盪中一時崩壞。在「日常」的世界，像本書一樣牽涉身在世界各地十數位作者的文集往往需要年月耕耘方能面世；在戰爭之中，我們得到了多位友人的支持，以數週時間完成本書；不少友好機構亦在這過程中為我們提供了各樣必要的協助，**The Glocal**、端傳媒、聯經思想空間、《明報》、及「**Gunslinger** 不曾遠去的硝煙」分別為本書提供已刊出的文稿；而本人尤其感激臉書專頁「**Gunslinger** 不曾遠去的硝煙」的李凱旭先生以三天時間幾近不眠不休地為我們特別製作了兩份簡明的時間表，說明自1917年烏克蘭人民共和國自二月革命爆發成立以來的烏俄百年關係，令讀者對相關事件有了認識的基礎。本書的製作團隊與友好在這數週的製作過程中，不斷咨詢法律及會計等專業人士的意見，力求在合乎各地法律及會計原則的情況下，得以捐助烏克蘭人民在戰爭中的人道需要。換言之，上述所列友好的文字與各樣其他付出，均屬無償。這種連繫「此處」與「彼處」的情懷，自然不是「日常」可以輕易看到。

在軍事的角度看，「前哨」是與主力部隊保持一定距離的小型防禦建築或小股部隊，往往被置於遠離於「中心」的邊緣位置，以警示敵國的入侵或騷擾。處於邊遠地區的「前哨」受襲，象徵著主力部隊的安逸大概無以維繫多時。這時，主力部隊應該以「前哨」作為空間以換取時間迴避敵軍，抑或奮力面對敵國，捍衛「前哨」的友軍呢?親歷二〇一〇年代年代以來亞洲大小自由運動的我們，自然難以視烏克蘭的「手足」如「Condom」。在戰火連天的當下，烏克蘭人民身陷炮火之中，自由世界以「不割席」之為原則，理當無需「迷惘」。

目錄 CONTENTS

02

第二部分：我們看見戰爭

03

第三部分：戰爭下的世界結構

04
第四部分：此處／彼處：烏克蘭、香港、臺灣

第一部分：烏克蘭敲醒世界

PART 01

烏克蘭國歌（2003版）

Ще не вмерла України і слава, і воля,
Nay, thou art not dead, Ukraine, see, thy glory's born again,
烏克蘭仍在人間，她的光榮，她的自由
Ще нам, браття молодії, усміхнеться доля.

And the skies, O brethren, upon us smile once more!
在我們同胞之上，命運將再次微笑

Згинуть наші воріженьки, як роса на сонці.
As in Springtime melts the snow, so shall melt away the foe,
我們的敵人將會消失，像朝陽下的露珠

Запануєм і ми, браття, у своїй сторонці.
And we shall be masters in our own home.
同胞們，我們將會統治我們自己的自由土地

Душу й тіло ми положим за нашу свободу,
Soul and body, yea, our all, offer we at freedom's call,
我們將會獻出我們的靈魂和肉體，為了得到自由

І покажем, що ми, браття, козацького роду.
We, whose forebears, and ourselves, proud Cossacks are!
同胞們，我們將會證明，我們屬於哥薩克民族

烏克蘭總統澤連斯基歐洲議會演說全文

譯者／王樂儀

—編按—

2022年3月1日歐洲議會就俄羅斯侵略烏克蘭舉行特別會議，烏克蘭總統澤連斯基透過視像發表演說，表示烏克蘭人將以生命捍衛自由，並為自己的地方作戰到底，演說後全場起立鼓掌致敬，一名德語傳譯員為澤倫斯基翻譯期間，一度哽咽落淚。

早安，或是，午安，或是晚安。而無論如何也不會有錯。因為，正正是每一日，有些人，在這些日子裡過得一點也不安穩，有些人，甚至視每一日為最後一日。我現在，為到我的、在抗爭之中的烏克蘭人民而說話。

他們為了自由，而付出了無可估量的代價。我為我現在所看到、聽到的情景而感到快樂。我感覺到團結的力量。我為我們歐盟的所有國家終於團結一起而感到快樂。但我從來沒想到，為了此情此景，我們的人民要付出如此龐大的代價。這是一個悲劇。不論對我來說，抑或是對於烏克蘭人來說，這也是一個悲劇。

如此龐大的代價。過千人被殺、兩場革命、一場戰爭、五日內來自俄羅斯的全面入侵。你知道嗎。我從來沒有讀過一頁報章，因為這些報章把我的國家寫成將要滅亡一樣。而當下，我們在面對現實，面對被殺死的人、有血有肉的生命。你知道嗎？而你知道嗎？我相信，今天我們為生命爭取了其價值、權利、自由，以及其對於平等的渴求。我們犧牲了我們最好的人民。最堅韌、最有價值的烏克蘭人。烏克蘭人是最強大的。通常我們都說我們會讓所有人心悅誠服。我很驕傲。我們不單是口講，而是可以讓你親眼目睹。

而我們事實上，可以直面任何人。我確切地相信，那個說法，「我們烏克蘭人選擇了烏克蘭」。我們為烏克蘭而爭取。我們為它而一往無前。所以，我希望，我們可以從你口中聽到，歐洲選擇了烏克蘭……我有時會晃神，因為導彈襲擊、爆炸的聲音干擾著我。

而今早是一個十分悲慘的早上。兩支巡航導彈襲擊了哈爾科夫（Kharkiv，台譯卡爾可夫）。一個位於俄羅斯邊界的城市。那裡有很多俄羅斯人。他們都很友善，而且和我們關係友好。那裡有多過20間大學。那是我們國家中建了最多大學的城市。那裡有著耀眼、有智慧的青年人。人民通常都會因為各種的慶祝活動而聚集於那個城市的廣場。那是我們國家最大的廣場。自由的廣場。而且，那是歐洲最大的廣場。這是毋庸置疑的。這是自由廣場。

你怎麼能夠想像到，這個早上，兩支巡航導彈襲擊了這個自由廣場。有過千人在剎那之間死去。這就是自由的代價。

我們為了我們的地方、我們的自由而作戰到底。沒有人可以干預、介入我們的國家、與自由。請相信我。今天每一個廣場，不論它有著甚麼名字，從今開始，它們都叫做自由廣場。在我們國家中的每一個城市，每一個人民都是無比強大不屈。沒有人可以打倒我們。我們是烏克蘭人。

我們有著見證每一個孩子都可以生存下去的渴望。我覺得這是很合理的渴望。昨天有16個孩子被殺死。當然，普京又會說，那是緣於他們作出的秘密行動。我們的孩子在哪裡？他們在哪些兵工廠中工作？他們跟隨了哪些坦克車？或發射了巡航導彈？而昨天他殺了16個人。我們的人民有著強大的意志。非常強大的意志。因此我們依然為了我們的權利、自由和生命而一直作戰。現在，我們為了生存而作戰。這是我們現在作戰最大的原因。

同時，我們一直為了成為歐洲一員、有著與其他歐洲國家同等權利而奮鬥。我相信今日，我們可讓所有人都看到，我們是怎樣的人民。我們會與歐盟一起變得更為強大。這是必然的。而沒有你們任何一人，烏克蘭都只能孤軍作戰。我們證明了我們的實力、我們的力量。我們證明了，至少，我們和你們一樣。請你們也證明，你們會跟我們在一起。請證明，你們不會輕易放棄我們。請證明你們是歐盟一員，而生命可以抵抗死亡。光明可以抵抗黑暗。願榮光歸於烏克蘭。

（文章刊於「虛詞」網站）

烏克蘭總統澤連斯基在英國國會下議院演說全文

譯者／李敬恒

—編按—

烏克蘭總統澤連斯基3月8日在英國下議院發表視像演說，他是第一個在英國下議院的院會議場發表演說的外國領袖，講述俄羅斯入侵烏克蘭13日以來的狀況。演說長度約10分鐘，現場座無虛席，部分議員和官員甚至必須坐在階梯上。英國首相約翰遜（Boris Johnson，台譯莊漢生）、外交大臣卓慧思（Liz Truss，台譯特拉斯）、國防大臣華勒斯（Ben Wallace，台譯華萊士）等高階官員均出席，澤連斯基演講中鳴謝的「鮑里斯」即指約翰遜。開始演講前，全體起立鼓掌向澤倫斯基致意約40秒。演講過後，有報導指英國軍兵離開職守往烏克蘭加入國際軍團。

議長先生，各位議員，女士和先生們：

我現在向所有英國人民、所有這個擁有偉大歷史的國家的人民說話。我作為一個同樣擁有夢想與付出巨大努力的偉大國家的公民、作為它的總統向你們說話。

我想告訴你們開戰以來這13日的情況。這是一場並非由我們發起、亦不是我們想要的戰爭。可是，我們必須打這場仗。我們不想失去我們所擁有、屬於我們的國家烏克蘭，就像當日納粹黨人攻擊你們的國家時，你們因為不想失去家園而不得不為英國而戰一樣。

整整13日的艱苦奮戰。第1日，我們在凌晨4時遭受巡航導彈的襲擊。孩子的父母、整個烏克蘭，每個人都從睡夢中驚醒。從那一刻開始，我們就沒有再好好睡過一覺，所有人都與我們的軍隊一起為國家並肩作戰。

第2日，我們不停應付空襲，而我們在島上的英勇軍人也歇力抗戰。當俄羅斯軍隊強迫我們棄械投降時，我們繼續頑抗。我們確切感受到自己的力量——我們的人民對侵佔者堅決反抗到底的力量。

一天之後，炮兵部隊開始攻擊我們。在戰鬥中，我軍盡展我們烏克蘭人的本色。

第4日，我們開始俘虜敵人。我們並沒有折磨他們——即使到了這場可怕戰爭的第4日，我們仍然堅守人道精神。

第5日，針對我們的恐怖襲擊更以兒童和城市作為目標。全國各地——包括醫院——不斷受到炮轟。但這沒有擊垮我們，反而令我們有所覺悟。

第6日，俄羅斯的火箭空降巴比亞大屠殺紀念館（Babyn Yar Holocaust Memorial Center，又譯娘子谷猶太人屠殺紀念中心）——那是納粹黨人在第二次世界大戰期間殺害了成千上萬人的地方。而在80年後，俄羅斯人向這裡的人再次發起攻擊，甚至連教堂也被炮火摧毀。

第8日，我們看到俄羅斯坦克車轟炸核電廠，這時每個人終於都明白，這其實是對全人類的恐怖襲擊。

第9日，北約就這場戰爭舉行會議，但沒有為我們帶來期待的結果。是的，我們真切感受到，遺憾地，同盟並非總是好好發揮作用；而禁飛區也無法落實施行。

第10日，烏克蘭人開始上街抗議，並且徒手阻截裝甲車推進。

第11日，小孩、城市和醫院不斷被火箭與炮彈擊中。而在那一天，我們意識到烏克蘭人——所有城市上上下下，無論是小孩還是成年人——都成為了英雄。

第12日，俄軍——包括他們的將領——已經損失了超過一萬人。這令我們感到有希望：將來可以看到這些人在法庭上為他們的所作所為承擔責任。

第13日，在被俄軍襲擊的城市馬立波（Mariupol，港譯馬里烏波爾或馬納波），一名兒童被殺。他們又斷絕當地居民的食物與食水供應，人人都開始恐慌。我想大家都聽到了，那裡的人在這樣的情況下已經超過13天沒有食水，還有超過50名兒童被殺害。他們本來可以好好生活，卻被這些人從我們身邊奪去。

烏克蘭人不想要這場戰爭。烏克蘭從沒有想過要成為大國，但卻在這場戰爭的日子裡變得強大。我們就是這樣一個國家，儘管必須跟世界上最龐大的軍隊戰鬥，也還是在救急扶危。我們必須抵抗直升機和火箭。

我們眼下面對的是這個莎士比亞的問題：是生存下去，還是灰飛煙滅？過去這十三天，我們可能還在問這個問題，但到了今日，我可以給你們一個肯定的答案：絕對要活下去。

我也想叫你們回想那一番英國人早已聽過、但如今再次變得重要的講話：「我們絕不放棄，也絕對不會戰敗。我們將會堅持作戰到底，在海上作戰，在空中作戰。我們將會繼續不惜一切保衛自己的家園。我們會在叢林作戰，在田野作戰，在海灘作戰，在街頭巷尾作戰。」我還想補充一句：我們還會在不同河岸作戰。

我們現正尋求你們的協助，尋求所有文明國家的協助。我們對這些幫助心存感激，而我也非常感激你，鮑里斯。請加強制裁這個國家的壓力，請看清楚這是一個恐怖主義國家，並且設法確保我們烏克蘭的天空安全。請確保你們會作出義之所在、以及你們國家的偉大所要求你們作出的事情。

願榮光歸於烏克蘭；願榮光歸於英國。

2022烏克蘭戰爭爆發時序

作者／李凱旭

2020

烏克蘭

3月，頓巴斯爆發的戰鬥開始增加，造成不少平民傷亡。頓內茨克因新冠疫情關閉大部分與烏克蘭接壤的邊境關卡，只開放與俄羅斯的邊界。

7月27日，烏克蘭與親俄武裝於簽訂新的和約，總算達到全面停火，連續一個月未有人員傷亡。

2月22日，烏克蘭與親俄武裝分子再次交火。

3月3日，頓內茨克人民共和國開始獲准先發制人摧毀烏克蘭軍事要地。

3月16日，烏克蘭發現俄羅斯直升機進入烏克蘭境內，俄軍於10日後向烏克蘭軍事基地發射迫擊炮，導致烏軍4人死亡。

3月24日，總統澤連斯基於簽署「2021年第117號令」，讓烏克蘭重新佔領克里米亞半島以恢復烏克蘭領土完整。自4月起，鞏固邊境應對俄羅斯入侵。

4月1日，俄羅斯拒絕續簽頓巴斯地區的停火協議。

4月3日，烏克蘭被俄羅斯指控派無人機空襲親俄武裝控制地區，造成兒童死亡。

4月6日，烏克蘭於頓內茨克州的軍事基地遭親俄武裝炮轟。於是，烏克蘭封鎖北克里米亞運河，中斷對俄佔克里米亞的供水。

4月14日至15日，烏克蘭海軍的裝甲炮艇與俄羅斯海巡隊艦艇於亞速海爆發衝突，幸而未有造成進一步交火。

11月，烏克蘭指責俄羅斯是烏克蘭一系列反疫苗及反政府集會的幕後推手，並於11月26日指俄羅斯與烏克蘭寡頭阿赫梅托夫密謀推翻其政府，並於12月呼籲可對俄羅斯採取先發制人行動。

12月1日，俄羅斯指烏克蘭在頓巴斯部署了一半軍隊（125000士兵）對抗親俄武裝，並用**TB2**無人機對付親俄武裝分子，認定烏克蘭違反明斯克協議並計劃入侵頓巴斯。

12月，烏克蘭讓國土防衛隊額外招募平民，訓練他們遊擊戰術及武器使用作城市抵抗。同時，美國於12月額外撥出2億美元國防援助給烏克蘭，使2021年的總援助高達6.5億美元，並批准波羅的海三國與美國運送各式武器，以防空系統及導彈為主。

4月，俄羅斯海軍裡海艦隊與黑海艦隊於克里米亞進行海軍演習，練習跨海穿越登陸戰，並封鎖黑海部分海域。

5月1日，俄軍安排演習部隊返回各自基地。

9月13日，俄羅斯向西部邊境及克里米亞增兵，派出28個營級戰鬥群與白羅斯進行「西部 2021」軍演。

10月11日，俄羅斯聯邦安全會議副主席表示烏克蘭為西方附庸，認為與烏克蘭談判毫無意義，俄羅斯政府亦附和。

11月，俄羅斯 集結了10萬軍隊，高於美國預估的7萬人，單單俄烏邊境就有9萬多人及短程彈道導彈。

12月，俄羅斯要求北約停止在俄羅斯邊界進行軍事行動，及用現代武器武裝烏克蘭。烏克蘭及美國分別認定俄羅斯可能會出現大規模升級，時間將會在1月底，美國更指這會是大規模進攻。情報認為，俄羅斯第41軍及第1近衛坦克軍的主要人員部重新部署到西部，第20及第8近衛軍則加強在烏克蘭邊境的部隊，另外克里米亞已部署更多陸軍。

1月10日，烏克蘭逮捕據稱是俄羅斯的軍事情報人員。

1月14日，烏克蘭多個政府部門網絡懷疑遭俄羅斯黑客襲擊。同日，烏克蘭指俄羅斯特工打算借挑釁駐德涅斯特河沿岸的俄羅斯士兵，來為俄羅斯入侵製造借口。

2月1日，針對俄羅斯威脅，總統澤連斯基簽署法令，決定增加軍隊人數至10萬人。

2月15日，烏克蘭軍隊、國防部及主要銀行網絡遭網絡攻擊，被視為戰爭的前哨戰。烏克蘭指俄羅斯並未撤軍。

2月17日，烏克蘭與親俄武裝交戰，烏克蘭有幼稚園被親俄武裝砲擊，雙方互指對方違反停火協議。

2月18日，親俄武裝分子控制的頓內茨克市及盧甘斯克市發生三起爆炸事件，但未有人員傷亡。同日，烏克蘭遭親俄武裝砲擊，亦有聯合國人道主義車隊受親俄武裝砲擊。24小時內，共有66起親俄武裝違反明斯克協議的事件。盧甘斯克及頓內茨克親俄武裝下達全面動員令，召集後備軍人全面動員，並下令70萬居民疏散至俄羅斯。

2月23日，針對俄羅斯隨時的軍事行動，烏克蘭進入緊急狀態。同日，多個政府機關及銀行網結遭到網絡襲擊，疑為俄羅斯發動。烏克蘭決定推行特殊時期的預備役制度，徵募18至60歲的預備役軍人。

俄羅斯

1月，烏克蘭推斷俄羅斯幾乎完成在烏克蘭邊境的軍事集結，共聚集了12．7萬士兵，當中10．6萬為陸軍，其他為海軍和空軍，以支持35000名親俄武裝分子及3000名已在頓巴斯地區的俄羅斯部隊，另有36枚中程彈道導彈系統部署於邊境。同時，俄羅斯向白羅斯派遣數量不錯的部隊，官方說法是進行軍事演習，但美烏皆判斷是用作北面進攻之用。俄羅斯自1月起從烏克蘭撤離外交人員。

2月4日，中俄兩國元首於會晤時，建立緊密合作關係。

2月10日，俄羅斯與白羅斯於白羅斯舉行「聯盟雄心－2022」聯合軍事演習，被視為俄羅斯最後部署。

2月15日，俄羅斯宣稱會從烏克蘭附近撤軍，但俄軍被指並未真正撤退，立陶宛更指俄羅斯已在白俄集結 45000 士兵，威脅波羅的海三國及波蘭。同日，俄羅斯驅逐美國駐俄副大使。俄羅斯亦拒絕派員出席慕尼黑安全會議討論俄烏局勢。

2月18日，俄羅斯與白俄舉行大規模核演習。

2月21日，俄羅斯總統普京宣布承認頓內茨克人民共和國及盧甘斯克人民共和國主權，同時稱烏克蘭為蘇聯創造的國家，並不具有主權。同時，普京下令國防部派軍隊到此兩國執行「維和任務」。隨即，俄羅斯在此兩國設立大使級外交關係，並稱維和是為防止烏克蘭進行「種族滅絕」。

國際衝突

1月5日，北約各國也自起加強對東翼的佈防。

1月24日，美國從烏克蘭撤離外交人員家眷，並宣布境內 8500 名軍人隨時可以調派進入東歐的北約成員國，以及為烏克蘭提供第三批武器，亦回絕俄羅斯要求北約不東擴及不允許烏克蘭加入的立場。英加兩國加強對烏克蘭的軍事訓練計畫，及提供更多反坦克飛彈，丹麥、波蘭、荷蘭、加拿大也在1月中為烏克蘭提供各種武器。

2月初，英國、荷蘭、波蘭、土耳其政府首腦及德法外長訪問烏克蘭，支持烏克蘭捍衛主權，同時北約於俄羅斯邊境進行實彈演習，美國也向波蘭及羅馬尼亞增派3000名士兵。

2月11日，駐歐美軍進行「軍刀打擊軍演」。歐美多國紛紛撤離駐烏克蘭的外交人員。

2月21日，針對俄羅斯總統普京的電視講話，美國總統拜登禁止任何美國人在頓內茨克人民共和國及盧甘斯克人民共和國從事商業活動，並聯同美國及歐盟制裁數家俄羅斯銀行。聯合國秘書長古特雷斯批評俄羅斯曲解「維持和平」的概念，認為「種族滅絕」指控需符合國際法，呼籲俄羅斯撤兵。

烏克蘭

2月24日，針對俄羅斯授權俄軍進行「特別軍事行動」，烏克蘭進入戰時狀態，實施戒嚴，全日拉響防空警報。於當日清晨，烏克蘭被俄羅斯正式入侵。

俄軍於烏克蘭時間清晨3時半封閉亞速海，5點首先從克里米亞登陸南部海港城市敖德薩及馬里烏波爾，同時對基輔、哈爾科夫、敖德薩和頓巴斯進行砲擊。

早上6時半，俄軍派遣陸軍及空降軍從東部及北部白羅斯進軍哈爾科夫與首都基輔。海軍及空軍一度被傳被全殲，但後來證實為誤傳。

早上7時，澤連斯基宣布實行戒嚴。眾多民眾紛紛逃離烏克蘭。

早上9時40分，烏克蘭攻擊俄羅斯喬特基諾。

早上10時，烏克蘭擊退俄羅斯對華倫州的進攻，並於10時30分開始收復馬里烏波爾及夏斯季耶，而俄軍佔領基輔安托諾夫機場。

早上11時，俄軍攻入維利恰，並轟炸日托米爾州的烏軍，同時以導彈襲擊基輔、敖德薩、哈爾科夫、利沃夫，部分飛彈來自白羅斯。布格列達爾有醫院遭轟炸，蛇島亦有俄羅斯軍艦進佔，另外俄軍控制切爾諾貝爾核電廠，以及克里米亞北部運河。

下午4時，基輔市長宣布宵禁。

晚上10時，俄軍佔領蛇島，烏軍一度奪回安托諾夫機場。被俄羅斯海軍封鎖港口的赫爾松被俄軍於晚上攻擊，有士兵自殺式引爆赫尼切斯克大橋以阻擋俄軍攻勢。

2月25日，凌晨1時半，俄軍從蘇梅撤退。早上，俄軍包圍新卡霍夫卡市。中午，俄軍使用繳獲的烏軍軍車進入基輔，試圖進行斬首行動。切爾尼戈夫也被俄軍封鎖。不過俄軍直到晚間仍未奪取到烏克蘭制空權。同時，烏克蘭朝俄羅斯米列羅沃空軍基地發射導彈，摧毀2架蘇－30戰機。

2月26日凌晨，瓦西里基夫戰役爆發，基輔多處出現爆炸，俄烏兩軍在特洛伊希納北部的CHP－6發電站交戰。早上8點，澤連斯基發布在基輔拍下的影片，證明他沒有離開。烏軍在基輔勝利大道擊退俄軍攻勢，亦擊落俄羅斯空降軍的伊－76運輸機及襲擊了一個56輛坦克組成的車隊，俄軍攻擊基輔一家兒童醫院，造成兒童傷亡。俄羅斯一度稱已佔領梅利托波爾，但直到3月1日才完全佔領。晚上，俄軍進一步推向埃涅爾戈達爾和扎波羅熱核電廠，有日資貨船及摩爾多瓦船隻在黑海被攻擊。

2月27日，馬里烏波爾有希臘僑民被俄羅斯導彈攻擊死亡，哈爾科夫有天然氣管道被俄軍炸毀，瓦西里基夫的油夫及基輔國際機場受空襲。盧甘斯克人民共和國控制的羅韋尼基石油碼頭被烏克蘭導彈擊中。俄羅斯稱以完全包圍赫爾松和別爾江斯克。全球最大的安－225貨機於戈斯托海利機場被俄軍摧毀。

2月28日上午，烏克蘭與俄羅斯代表於烏白邊境談判，持續到晚上，但未有進展。俄羅斯宣稱以控制別爾江斯克、埃涅爾戈達爾和扎波羅熱核電廠，但烏克蘭否認。有消息指俄羅斯傭兵組織華格納他團被重新部署到基輔暗殺澤連斯基。俄羅斯空軍少將蘇霍維茨基被烏軍狙殺。

俄羅斯

2月24日，普京授權俄軍於頓巴斯地區進行「特別軍事行動」，同時要求民航客機禁飛烏克蘭及俄羅斯南部空域。

2月24日，俄羅斯51座城市爆發反戰示威，雖然警方強硬鎮壓，但示威仍持續多天。有2000多名科學家與科學記者聯署反戰，另外有上百名俄羅斯高級官員與多座城市的官員聯署譴責普京入侵烏克蘭。

莫斯科及聖彼得堡證交所暫停交易，盧布持續貶值，跌至歷史新低。俄羅斯中央銀行只能進行市場干預，以穩定市場。俄羅斯大批民眾提取現金，更有不少人紛紛逃到其他國家。

2月26日，俄羅斯封鎖Twitter。

2月27日，普京宣布俄羅斯核力量進入高度戒備，並封鎖Facebook。

國際衝突

2月24日，針對俄羅斯入侵烏克蘭，歐盟、英美澳加、以及日韓台等國紛紛對俄羅斯實際最嚴格的制裁，中止對俄羅斯與白俄羅斯銀行與資產的往來及技術轉讓，同時禁止俄羅斯及白俄羅斯客機飛越領空，不少公司亦參與制裁，不少國際體育賽事禁止俄羅斯出賽。本已建成的北溪二號天然氣管道也停止審批。俄羅斯因此威脅禁止歐美的航空公司進入領空，禁止出口火箭引擎給歐美公司或協助執行太空任務，禁止出口糧食，以及禁止俄羅斯公民與公司向外匯出外幣，更對歐美多國政商界要員實施制裁。

北約拒絕介入俄烏戰爭，但決定連同日韓等國為烏克蘭提供更多軍備及防護用品。

全球多國舉行各式抗議，反對俄羅斯入侵烏克蘭。

2022年3月起

烏克蘭

3月1日，俄軍砲擊切爾尼戈夫及哈爾科夫，但遭烏軍反擊。俄羅斯導彈擊中哈爾科夫自由廣場及州政府大樓，造成平民死亡。同日，俄羅斯攻擊基輔電視塔，影響當地電視訊號。澤連斯基允許外國志願者加入對抗俄軍。

3月2日，俄羅斯正式佔領赫爾松及特羅斯佳涅茨，但烏軍重奪馬卡里夫。馬里烏波爾三面被圍，俄羅斯亦襲擊哈爾科夫的軍用醫院。孟加拉散貨船被導彈擊中，導致孟加拉工程師死亡。《烏克蘭真理報》引述情報部門消息指，親俄前總統亞努科維奇身處明斯克，以便烏克蘭投降後任總統。

3月3日，俄烏會談決定臨時佛火開放人道主義走廊。愛沙尼亞貨船赫爾號被水雷擊沉，烏克蘭護衛艦由烏軍於尼古拉耶夫港主動鑿沉。烏克蘭國會通過法案允許沒收俄羅斯政府或僑民資產。俄軍宣布佔領巴拉克列亞，美軍指早前在邊境集結的俄軍已有90%入境。

3月4日，札波羅結核電廠被俄軍擊中起火，俄軍其後佔領核電廠。

3月5日，俄羅斯於9點停火，開放馬里烏波爾及沃爾諾瓦哈的人道主義通道。不過，烏克蘭指俄羅斯仍繼續襲擊，影響民眾撤離，俄羅斯則指烏克蘭無意延長停火期，故下午5點起重啟對馬里烏波爾的進攻。俄軍佔領了布恰及霍斯托梅。

3月6日，馬里烏波爾嘗試撤離平民但失敗。加夫里什夫卡-文尼察國際機場被俄羅斯導彈摧毀。

3月7日，俄羅斯宣布在俄羅斯多個城市開放人道主義走廊，但烏克蘭指這些走廊只能通往俄羅斯或白羅斯，且有人道物資通道被埋下地雷。下午2點，俄烏舉行第三輪會談。烏軍於哈爾科夫反攻，奪回尼古拉耶夫機場。烏軍以火箭擊中砲擊蛇先的俄國軍艦。

3月8日，馬里烏波爾及哈爾科夫繼續被空襲，烏克蘭宣稱擊斃俄41軍參謀格拉西莫夫少將，為第二名俄羅斯死亡的高級軍官。

3月9日，烏克蘭呼籲西方國家提供戰機。烏克蘭為馬里烏波爾開啟人道走廊，俄羅斯稱會停火。

3月10日，俄軍空襲馬里烏波爾的婦幼醫院，造成包括兒童在內的平民死亡。俄烏兩國外長於土耳其安塔利亞會談，但未有進展。

3月11日，俄軍空襲第聶伯羅，靠近波蘭的盧斯科機場也遭轟炸，親俄武裝佔領亞速海港口及馬里烏波爾北部的沃爾諾瓦卡。烏軍與俄軍於伊爾平、戈斯托梅利及沃爾澤利激戰。

3月12日，梅利托波爾市長被親俄武裝分子綁架。澤連斯基指新談判可於以色列耶路撒冷舉行，由以色列總理貝內特牽頭。

3月13日，靠近波蘭的亞沃里夫國際維和中心被俄軍空襲，導致國際軍團人士死亡。紐約時報特約記者雷諾被俄軍槍殺，成為第1名在俄烏戰爭死亡的戰地記者。馬里烏波爾州立大學遭俄軍砲擊。

3月14日，安諾托夫飛機廠被俄軍砲擊，羅夫諾州也有輸電塔被導彈襲擊。烏克蘭真理報報導，俄羅斯於敘利亞招募傭兵。亞速營成功在馬里烏波爾擊毀俄軍裝甲車及格魯烏特種部隊成員。

3月15日，捷克、波蘭、斯洛文尼亞總理到基輔會見澤連斯基。俄軍稱已控制赫爾松州。俄羅斯導彈襲擊第聶伯羅彼得羅夫斯克機場，俄烏雙方代表繼續視像談判，基輔實行宵禁。

3月16日，亞速營擊斃俄150師（曾於二戰柏林插旗的隊伍）指揮官米季耶夫少將，為俄軍第4名將軍被殺。還有7名普京直屬的精銳特警隊成員被殺。俄羅斯2架蘇-30戰機於敖德薩被擊落，另有1架蘇034戰機於切爾尼戈夫被擊落。國際法庭的調查組已抵達烏克蘭，搜集俄軍戰爭罪行證據。切爾戈尼夫布民眾買麵包被俄軍槍殺。

俄羅斯

3月4日，俄羅斯簽訂《假新聞法》，把一眾獨立媒體正式關閉及禁止報導有關俄軍「虛假信息」，使得俄羅斯僅剩官方認可的媒體報導新聞，外媒大多撤出，而官媒不再報導俄烏戰爭的新聞。

3月6日，俄羅斯指控美國國防部資助烏克蘭進行軍事生物項目，而美國則指美方與烏方合作避免生物研究設施落入俄羅斯手中。

3月14日，俄羅斯第一頻道製片人奧斯欣妮高娃在晚間新聞直播中舉牌反戰。

國際衝突

3月1日，歐洲議會批准烏克蘭申請加入歐盟，開啟加入歐盟談判。

3月4日，北約拒絕烏克蘭的禁飛區申請，擔心會引起全面戰爭，但仍繼續供應武器。

第二部分：我們看見戰爭

PART 02

把侵略戰爭當作家庭糾紛？

作者／馬嶽

俄羅斯侵略烏克蘭，令我想起在漫長無止境的居甚麼都抗疫的日子裡，看過兩本有關烏克蘭和俄羅斯歷史關係的書，可以介紹給大家參考。

第一本是提摩希·史奈德（Timothy Snyder）（是的，就是寫《On Tyranny》（中譯《暴政》）的史奈德）寫的《往非自由之路》（The Road to Unfreedom），書中用不同角度縷述普京治下的俄羅斯，以及和歐美的關係。史拉達書中早預言普京會入侵烏克蘭，因為普京近10年來一直採納沙俄末年哲學家伊言（Ivan Ilyin）有關大俄羅斯文化的論述，把俄羅斯文明描述為世界上獨特的偉大文明，而斯拉夫地區的不少「民族」都只是俄羅斯文明的支流而已，一直在國內努力用各種「假歷史」為人民洗腦，為侵略烏克蘭鋪路。

基輔歷史遠比莫斯科悠久

俄羅斯國內人民近10年來在官方傳媒收到的政治宣傳，就是大家近日耳熟能詳的「烏克蘭自古以來是俄羅斯的領土」。官方論述用當年Rus王國在公元九世紀已統治基輔，來證明俄羅斯人和烏克蘭人本是兄弟，是一個民族的兩宗，以及烏克蘭屬於俄羅斯。史拉達指出這樣魚目混珠無疑相當離譜，因為當年的Rus王國和後來的Russia沒有任何關係，而是一個發源於瑞典的維京人建立的王國，領土由現今波羅的海地帶南至基輔，與俄羅斯人沒有半點關係。

西方歷史學家一般以十二世紀中葉為莫斯科建城之始，而基輔則是早在五世紀建城，在1982年（蘇聯治下）曾經慶祝建城1500周年。基輔歷史遠比莫斯科悠久，在十世紀時已是數萬人居住的東歐的大城和歐亞貿易的中轉站之一，這就是大家最近在網上看到的那兩套圖片（即十世紀時基輔是大城，莫斯科還只是樹林）的思想來源了。到十三世紀拔都西征將基輔燒成平地，現在屬烏克蘭的疆土大部分由立陶宛公國（Grand Duchy of Lithuania）統治（想像一下「烏克蘭自古以來是立陶宛的領土」），其後幾百年基輔都和莫斯科沒有甚麼政治聯繫，直至十七世紀俄國才統治基輔，不會「自古以來是俄羅斯的領土」。

怵目驚心的大饑荒

第二本是 Anne Applebaum 寫的《紅色飢荒》（Red Famine），是關於烏克蘭上世紀三〇年代大饑荒。作為曾拿過普立茲獎的記者和歷史學家，她揭露的內容就算對蘇聯和東歐歷史有一定歷史認識的人來說，仍是怵目驚心的。Applebaum 蒐集了極多資料證明三〇年代烏克蘭的饑荒，不是天災而是人禍。烏克蘭一直是蘇聯的糧倉，之所以二次大戰時納粹德軍三路進攻蘇聯，南路直指烏克蘭，目的就是奪取糧倉，而蘇軍誓死抵抗令雙方均死傷慘重。但這糧倉當年竟然大饑荒，蘇聯其他地區的糧食短缺反而沒有那麼嚴重，是政策失誤也是政治決定。

斯大林由1929年開始農業集體化，糧食從集體農莊強制上繳，目的是把糧食運到城市供應工人以支援快速工業化（這基本上是蘇聯經濟模式的重點策略之一），但不久便已發覺各地產糧遠不及指標（有不同因素：包括農民的工作誘因不足等），但中央仍然要地方交足糧食指標，地方官員於是盡量壓榨，用各種暴力手段（例如私藏糧食可被告以反黨等罪行而處死）、收買地方人士告密（這些告密者自己反而可能先佔甜頭吃得飽）等，迫令農民交出所有糧食，不少農民連口糧也要交出而出現大規模饑荒，由1931年起陸續有農民餓死，到後來農民連種子也要上繳（即「穀種都冇得食」），結果下一年沒有種子播種再耕種。

Applebaum的研究顯示蘇共高層一直對烏克蘭糧荒有一定掌握，但沒有放寬政策和指標，也沒有從其他地區運糧以接濟，覺得這是烏克蘭人抵制反抗的結果。作者認為斯大林一直對烏克蘭民族主義心存疑忌，藉此打擊烏克蘭及減少其人口。（因此她的書的副題叫「斯大林對烏之戰」（Stalin's War on Ukraine）。作者估計在1921至33年間，烏克蘭饑荒共餓死500萬人，一代民族精英就此被消滅。

烏克蘭的大饑荒，在蘇聯官方歷史是一片空白，甚至禁止人民談論，只能靠倖存者口耳相傳、流亡者的紀錄，和後來研究者的補充，至1980年代開始有不同的資料庫和紀錄片出現。西方當年反而因為西方傳媒報道而略知真相（英國記者Gareth Jones報道的經過，2019年被拍成電影Mr. Jones，港譯《新聞守護者》，Jones在1935年在中國東北被暗殺身亡）。

2012年曾到烏克蘭，看過一些紀念當年饑荒死難者的公墓。烏克蘭不少人認為當年饑荒以及二戰期間的大量傷亡，都是蘇共因要打擊烏克蘭民族主義而刻意造成，是民族深刻的災難。到今天，俄羅斯政府的官方態度還是否認當年大饑荒有發生，認為是烏克蘭人的炒作。

兩本書的寫作方法和觀感很不同，但加起來的總結是：說俄羅斯人和烏克蘭人是兄弟或一家人，實在是錯得不能再錯，把侵略戰爭當作是家庭糾紛兄弟不和，那真是毫不美麗的誤會。

（此文章刊於明報）

史奈德×哈拉瑞：從烏克蘭抵抗行動，看人類未來的可能性

記錄、翻譯／呂季儒

—編按—

2022年3月2日，烏克蘭陷入戰火一週之際，Yalta European Strategy（YES）平台邀請了《黑土》、《暴政》著名作家提提摩希·史奈德與《人類大歷史》作者哈拉瑞（Yuval Noah Harari）等講者，以The War in Ukraine and the Future of the World（烏克蘭危機與未來世界）為題，展開對於當今迫切局勢的討論。兩位學者以歷史學的獨特視角，帶領聽眾在看見烏克蘭危機的當下，重新思索關於民主、自由及個人選擇的價值和重要性如何可能影響我們的未來世界。

【講者簡介】

主持人｜Anne Applebaum

美國記者、歷史學家，普立茲獎得主，關注馬克思列寧主義和東歐公民社會的發展，現為倫敦政治經濟學院客座教授，曾參與《經濟學人》和《華盛頓郵報》編輯工作。

與談者｜哈拉瑞

任教於耶路撒冷希伯來大學歷史系，全球矚目的新銳歷史學家。1976年出生於以色列海法，2022年在牛津大學獲得博士學位。曾兩度獲得Polonsky原創與創意獎、軍事歷史學會Moncado論文獎，曾出版《人類大歷史：從野獸到扮演上帝》、《人類大命運：從智人到神人》、《21世紀的21堂課》等著作。

與談者｜提摩希・史奈德

耶魯大學歷史系講座教授，主要研究方向為現代東歐史，畢業於牛津大學，曾在巴黎、維也納和哈佛大學擔任過研究員。曾獲漢娜・鄂蘭獎章、萊比錫書展大獎、美國藝術文學院文學獎項，撰有多部備受稱譽的史學著作，包括《血色之地：希特勒與斯大林之間的歐洲》、《黑土：大屠殺為何發生？生態恐慌、國家毀滅的歷史警訊》、《暴政：掌控關鍵年代的獨裁風潮，洞悉時代之惡的20堂課》等。

與談者｜烏克蘭軍官

歐洲中的邊陲．烏克蘭與歐洲史

講座一開始，主持人 Applebaum 指出：在歐洲普遍來說，人們並不是那麼了解烏克蘭。因此她以「烏克蘭之於歐洲歷史的重要性」作為切入點，拋出「究竟誰是烏克蘭人？」以及「他們在歐洲歷史中所扮演的角色為何？」等有趣問題。

但即使烏克蘭位於歐洲邊陲，且似乎不為人所記憶，施奈德仍指出烏克蘭其實是個「典型」（typical）、且獨特的歐洲國家。他以各時期的烏克蘭歷史為例，指出烏克蘭與歐洲發展歷史進程中的相似性與歧異性。例如烏克蘭同樣有非常長的基督教信仰歷史，但基督信仰在當地的多元性，以及猶太教和伊斯蘭教等宗教信仰並存的現象，卻又是一般歐洲國家的信仰歷史中少見的景況。

第一次世界大戰後，烏克蘭開始了獨立運動，但因為俄羅斯革命的成功以及蘇聯的誕生，使烏克蘭的獨立運動最終走向失敗。烏克蘭後來成為斯大林及希特勒（Adolf Hitler）這兩名獨裁者所爭奪的中心：斯大林藉著烏克蘭創立了蘇聯，而希特勒則希望利用烏克蘭在東歐成立新的德意志帝國，這段歷史也使得烏克蘭飽受摧殘。直到1991年蘇聯解體後，烏克蘭才成為一個獨立國家。

施奈德指出，許多居住在烏克蘭的人們幾乎都經歷過上述那段歷史，因此在2004年橘色革命和2014年的烏克蘭危機中，大批烏克蘭人站上街頭抗議，為的便是避免烏克蘭重新落入被俄羅斯把持操控的狀況。因此施奈德認為，這些經驗似乎強化了烏克蘭人民的自我意識，縱使外面的世界不熟悉烏克蘭，但他們十分清楚自己是誰。

Applebaum附和了施奈德的說法。有趣的是，她指出烏克蘭和俄羅斯有諸多親密之處，諸如語言、歷史或文化等，但烏克蘭對於帝國、專制和獨裁的反彈卻非常強烈。不同於俄羅斯，烏克蘭的國家認同中，「我們是誰」與民主價值緊密相連，這也反映在烏克蘭對加入歐盟的渴望之中。

此外，Applebaum認為烏克蘭似乎毫不猶豫地在族裔國族主義（Ethnic nationalism）和公民民族主義（Civic nationalism）之間選擇了後者。因此在Applebaum看來，「作為一個烏克蘭人」並非成為了這個民族的一員，而是成為群體（community）中的一份子。

俄羅斯與烏克蘭的「存在」之爭

從施奈德和 Applebaum 的討論中，聽眾們能從烏克蘭的發展歷史中理解到烏克蘭的獨特性，特別是烏克蘭人們對於民主的體認和行動力，與他們的文化多元性和國家發展歷程似乎有密切的關係。但為甚麼俄羅斯對烏克蘭如此執著？以及歷史學家們如何理解這場戰爭？

哈拉瑞提供了一個十分有趣的觀點：「我想這場戰爭攸關的，是烏克蘭的國家『存在性』（existence）問題」。

因為他認為對於普京來說，世界上並不「存在」烏克蘭。普京的腦中存有一種幻想（fantasy），他在腦中取消了烏克蘭的存在，並將烏克蘭人等同於未能回歸的俄羅斯人。而阻止回歸順利發生的原因，則是因為一些外部的因素，例如納粹的阻止等。哈拉瑞認為這類的幻想支持了普京入侵烏克蘭的正當性，並在開戰後期待烏克蘭總統澤連斯基（Volodymyr Zelenskyy）會放棄烏克蘭。軍隊會投降，而人們會向俄羅斯的坦克拋出歡迎的鮮花。然而因為這個幻想並未成真，哈拉瑞認為在此意義上，普京早已輸了戰爭。相反地，烏克蘭國的存在之爭，反而大獲全勝，因為世界各國如今皆已一種非常「真實」的方式認識了烏克蘭。

也是基於此，哈拉瑞認為有一些更深層的影響正逐漸發酵，例如西方世界長期以來的分裂，對他來說似乎有了轉機。如同 **Applebaum** 先前曾提及的族裔國族主義和公民民族主義，便是兩種截然不同的國族主義形式。哈拉瑞認為西方世界已被捲入一場左／右、自由／保守的文化戰爭（**culture war**）中，而這些問題皆圍繞著國家主義和自由主義的價值內涵。人們因此認為自由主義和國家主義是對立的，並且必須在兩者之間做出選擇，這便構成了西方文化戰爭的根源。

然而哈拉瑞以烏克蘭的例子告訴聽眾，「這並不是真的」，人們不需要將之視為對立的兩個詞語。舉例來說，國家主義不該是去仇視外來者；相反地，重點應該在於去愛你的同胞和鄰人。如此一來，自由價值以及愛國主義似乎便有結合的可能。哈拉瑞認為這是他從這場戰爭中得到的一個重要體悟和改變，並指出這也許是結束西方文化戰爭的機會：也就是忘記國家主義和自由主義之間的矛盾，因為它們的共同敵人，應該是普京所展現出的那種人物形象和意識型態。

幻想破滅之後：當下的烏克蘭

只是正如哈拉瑞所說，普京的幻想在開戰後隨即破滅。烏克蘭人並未以鮮花夾道歡迎，俄羅斯遭受到預料之外的抵抗，延宕了俄羅斯原來的攻佔計畫。那麼在原來的計劃A失敗、而普京仍堅持不肯退兵，戰事如今被迫延長，進入了施奈德所說的第二階段。

但施奈德認為，事實上俄羅斯人並未做好長期征戰的準備，包括連普京自己也是。例如烏克蘭軍官 Igor Chanayev 便指出，這個結果乃是因為普京對情勢的錯估。普京認為烏克蘭會發生和 2014 年烏克蘭危機時相同的狀況，因為當時的確有些城鎮自願被俄羅斯佔領，因此普京認為能在沒有衝突的情況下在兩天內攻占基輔。

而正是因為普京的「幻想」，俄羅斯政府也未多花心思讓人民準備戰事，這個結果一部分便展現在俄羅斯媒體開戰以來的遲鈍上。隨著戰事陷入膠著，戰爭的第二階段帶來更加密集的隨機戰火騷擾，並且一反原來的承諾，平民也成為了俄羅斯軍隊的攻擊對象。哈拉瑞認為，普京的行為和他所展現出的特質，其實是獨裁者的基本問題，也就是與現實脫節。並且因為沒人能夠讓他看見真相，那些謊言或者幻想最終取代了現實，他也就更不可能承認自身錯誤。

抉擇與歷史中的神話（myth）

如同柏拉圖的《共和國》中所描繪的，施奈德認為普京彷彿位高權重的君王，聽不進他人的說法。但普京的一意孤行，對施奈德來說不僅是如此而已，他認為這反映出了長期糾纏於人類歷史中的一個困境，或者說一個必須面對的抉擇。而這個困境事實上反映出人類過去的歷史，也就是它似乎是有物質性基礎的。因此人們如何去定義或面對這些歷史（以及這些歷史延伸的紛爭）將會影響它最終的結果。

以烏克蘭危機為例，施奈德認為普京所鑄造出的歷史神話——烏克蘭和俄羅斯是一體的，正是現今困境發生的關鍵原因。並且對於這些神話的相信，以及對於自身歷史定位的執著，也促成了普京的每一步行動：普京認為這將幫助他成為人們記憶中的偉大俄羅斯領導人。因此普京並不那麼在意士兵的傷亡，或是俄羅斯經濟和其他利益上的受損。施奈德認為，人們需要更多足夠強硬的政策或方式，來迫使俄羅斯內部能夠產生一場有效、且有機會傳達給普京的對話。

然而危險的是，哈拉瑞認為這場戰役將可能扭轉烏克蘭和俄羅斯人民之間原來的緊密關係，並埋下仇恨的種子。甚至若以更宏觀的視野來看，哈拉瑞認為普京正拽著全世界回到以叢林法則為準的生活去，也就是戰爭年代中。因為普京打壞了自1945年以來國與國之間的普遍共識：「大魚吃小魚」這般弱肉強食的事情，是不可被接受的。

以現今各國的國防預算比例為例，哈拉瑞指出，根據2020年的統計，世界各國的平均國防預算，大約佔整體國家預算的6%。而在歐洲，比例則是3%。哈拉瑞認為，從歷史發展的角度來看，這些數字低得驚人。而正是因為對於和平的共識以及整體軍事預算的降低，促進了當代人類世界的發展。包括健康照護體系或教育體系得以穩定存在等。然而隨著俄羅斯入侵烏克蘭，周遭國家將可能提升他們的國防預算，例如德國便立刻將國防預算調為雙倍。哈拉瑞憂心的表示，倘若這些事情持續發生，地球上的每一個人將為此付出代價。

德國、歐洲一體化（European integration）與俄烏之爭

但在入侵烏克蘭發生的數週之前，政治人物對於俄烏衝突的態度仍持保守態度。Applebaum 認為這是因為人們已經習慣了長期的和平，因此看不見迴遭正面對的潛在威脅。她以數週前參加一個德國電視節目的會談為例。當時，她在電視上主張若想要和平持續，德國應該軍援烏克蘭，然而她的說法當場被三位德國的政治人物否定。因為他們認為這事情僅能透過和平管道解決，德國不能參與任何歐洲的戰爭。Applebaum 就此拋出了一個疑問，究竟這類說法的根源為何？

對此，施奈德以歐洲一體化的發展歷史為例嘗試回應。他認為帝國時期結束後歐洲逐漸朝向一體化發展，一體化使得歐洲無論在經濟或文化層次上皆大幅提升，同時也促進了歐洲的和平與繁榮。而烏克蘭皆看在眼裡，因此烏克蘭自2004年以來積極申請歐盟會員。他們將歐洲置於他們思想的中心，即使他們為此面對諸多的掙扎。

施奈德主張，從歐洲的發展歷程來看，一體化或者帝國作為兩種截然不同的可能選擇，

俄羅斯至今仍選擇站在帝國的那一邊。因為俄羅斯目前的國家建構，例如它內部的整體政治權力分佈，仍反映出一種帝國的特質：「（它的存在）皆是為了討領導人的歡心，但讓人民分散的」。然而歐洲一體化的過程，從經濟上的合作、到政治，如今它也必然牽涉到了歐洲的安全防衛問題。既然歐洲要成為一個自由的整體，它必須要有能力保衛自己，並且保衛願意守護這份價值的人或國家，而歐洲、特別是作為領導國家之一的德國，責無旁貸。而如今看來，烏克蘭似乎正在提醒並且捍衛歐洲價值的重要性與意義。

施奈德特別點出了「納粹」與「大屠殺」一詞被普京誤用一事，特別是當普京說出，他的入侵烏克蘭行動和「去納粹化」（denazify）有關。施奈德表示，許多人都對普京的這個說法表示不解，特別是這場戰爭被以「去納粹化」為名，但它的目標卻是要去殺掉一個猶太總統、然後毀掉該國的民主，人們認為這當中必定有甚麼事情搞錯了。但施奈德認為這當中的意義遠超於此，他進一步指出，俄羅斯事實上是在破壞人們所建立的言語和道德邏輯。二戰以來，人們從大屠殺和納粹經驗中汲取教訓，而由這些經驗轉化出的詞彙和道德邏輯，支持了歐洲和北美等國家，在二戰後打造出一個更好的生活準則。然而俄羅斯正在翻轉這一切。因此施奈德認為，人們會逐漸從烏克蘭危機或普京身上中理解到這件事，以及當中的嚴重錯誤：「他（普京）不僅是在殺人，更是一種憤世嫉俗的虛無主義（cynical nihilism）」。

哈拉瑞表示，作為歷史學家，他經常會注意到過去如何影響現在和未來；然而他想對德國說：「作為一個歷史學家，一個猶太人和以色列人，我們知道你們不是納粹。你們不需要反復證明這件事。你們也不需要害怕如果舉起一把槍，或是提高音量，別人就會覺得你們是納粹。我們知道你們不是。我們需要德國做的，是站出來領導大家。德國現在是歐洲的領導國之一。如果你們真的想要修復納粹德國曾經犯下的錯誤，你要做的不是假裝中立，或站在一旁，而是站在戰線的最前端，為了自由，為了民主而戰。這才是對納粹罪刑最好的贖罪。」

和平主義和歷史教訓

Applebaum 認為，對和平主義價值的信奉阻止了德國人和大多人歐洲人採取行動；然而她認為這是錯的，人們應該要挺身推翻暴政，阻止大屠殺的發生。但哈拉瑞提醒，人們不應完全拋棄和平主義，而是應該在戰爭開始前，盡一切力量阻止它。特別當這場戰爭和擁有核武能力的超級強權有關時，哈拉瑞認為人們便應該特別小心。因為當獨裁者看見一個自由和民主的國家想盡辦法避戰，或是尋找一切外交手段停止爭戰，對那些獨裁者來說，這僅是種懦弱的展現。

但哈拉瑞鼓勵人們，他認為這並不是懦弱。只是他主張人們應該有一個共識，也就是當別無他法時，人們必須面對現實，甚至使用武力。而哈拉瑞認為現在正是那個時刻，人們無須再為了其他的日子繼續等待或準備自己，因為那天已經來了。而這一切對哈拉瑞來說，似乎全歸功於烏克蘭人。

施奈德則以另一個角度切入。他認為民主和自由等價值的履行，必然伴隨著可能的風險，因為它們並不會自動被實現或永久保存。而在某些時刻，個人的選擇對於這些價值的存續將變得至關重要。施奈德同樣認為那正是此刻，特別當烏克蘭正以肉身和俄羅斯搏鬥時，這些價值的樣貌變得呼之欲出且更易辨認。甚至烏克蘭的戰鬥，對施奈德來說，都能夠說是在替人們延長我們所擁有的生活，並給予我們機會進行反思。

必然（inevitability）與「世界正在變好」

只是 Applebaum 指出，人們對於世界進程的預設往往會阻止我們的行動。也就是說，人們傾向於相信世界正在變好，進而可能察覺不到危險正在逼近，施奈德將之稱為「必然的危險性」（the danger of inevitability）。例如人們可能會預設，烏克蘭能夠在不採取任何行動的狀況下存活，或是所有的事情會朝著它應然的方向前進等。

但施奈德認為這揭露了當中一個對歷史或世界進程的思考謬誤。一方面，他指出1890年後共產勢力的衰退以及1991年蘇聯解體使得人們傾向認為世界已沒有除了資本主義之外的其他可能性。甚至許多歐洲人認為，資本主義會自動帶來民主。然而施奈德指出這是一個過於鬆懈的想法，並且意味著人們已習於將民主交付給市場邏輯決定，但從中國、俄羅斯以及其它極權國家的例子中可以證明，威權主義同樣與資本主義相契合。另一方面，施奈德認為更糟的是，如果人們習於將自由託付給一些非人（impersonal）的力量，人們會逐漸忘記自由的真諦，也就是要將自身的力量掌握在手中，而非外於自身的他者。倘若這個狀況發展到極致，如同現今的俄羅斯一樣，人們將更加難以反抗。

因此施奈德也呼籲人們，改變的第一步便是要去看見烏克蘭抵抗行動中的價值，包括歷史如何掌握在人們的手中，以及自由和民主為何不是一個自然發生的「進程」。而另一個同樣危險的概念還包括「命運」（fate），例如烏克蘭的命運是和俄羅斯在一起的等等這類的言論。因為這類的獨裁者幻想，將會迫使人類的未來必須要按照他所打造的單一渠道發生。因此施奈德重新提倡了創造力和想像力的重要性，人類必須要能夠去想像多元可能的未來：「我認為如果這個非常糟糕的時刻，仍具有一種積極意義，那將會是：烏克蘭人幫助了我們去想像如何擁有各種不同的、更好的未來可能性」。

甚至，哈拉瑞以烏克蘭的歷史發展為例，即使烏克蘭過去很長時間以來都生活在極權政體下，或者烏克蘭並不具備太多國家發展的優勢條件，烏克蘭人仍積極捍衛自我權益。也就是說，他們並未順應普京所幻想出來的、烏克蘭的命運。因此哈拉瑞認為，人們永遠擁有選擇。因為歷史可能會影響現在，但不可能「決定」現在或未來。

結論：下一步行動在何方

演講的最後，學者們提出了數種人們可以投入行動支援烏克蘭的方式。縱使僅是捐款，它都可以是行動的第一步。如同哈拉瑞所說的，這些開始的第一步將可能串連起無數有力量的後續行動。甚至是上街參與反戰遊行，或在網路上替烏克蘭發聲，也都可能因為政治人物觀察到大眾輿論的風向，進而影響國家的決策方向。

對於身處臺灣（和亞洲）的我們來說，烏克蘭的戰火看似遙遠，然而筆者也注意到一些NGO自主協助集中有關援助烏克蘭人民的資訊，幫助有意願的民眾能夠快速找到可信賴的捐款機構。甚或包括一些知識轉譯的工作，如講座側記、資訊翻譯或協助將那些新聞與影片分享出去等，都可能喚醒你我身邊人的注意，並且幫助更多需要正確資訊、沒有媒介的人取得消息。所謂星星之火，可以燎原，如同這場演講嘗試呼籲的，祈願這些微小的行動與善意終將帶來平安。

（內文中引文亦為記錄者翻譯，此文章刊於聯經思想空間）

與我的烏克蘭同學談烏俄衝突的歷史脈絡

作者／李宇森

我想關心烏克蘭的讀者都想知道，普京的軍力調動似乎已經是開口牌，全世界都見到上十萬俄軍屯兵在烏克蘭四周，而觀乎俄羅斯近年在周邊地方的頻繁用兵，戰事似乎早已如箭在弦，那麼烏克蘭有否準備參與這場戰事呢？與我要好的烏克蘭同學 Ihor Andriichuk 在紐約新學院研究俄羅斯政治，連忙跟他做了訪問。

Ihor 認為答案要從幾方面切入。「在政權層面上看，烏克蘭一直跟歐盟或者其他主權國家有緊密溝通，也長期接受了許多國家的軍備與財政援助，尤其是在全面開戰之前的時段，因此國家的軍事經濟準備一直都在進行之中。」

「至於非政府的民間社會層面則複雜得多，特別是考慮到近十年烏克蘭的政治動盪。他認為打從2013至14年的「烏克蘭親歐盟示威運動」（Euromaidan/Revolution of Diginity，即《凜冬烈火》所描述的廣場革命），總統亞努科維奇出逃後政治權力真空，一些大型公民社會組織乘勢冒起，填補一些行政制度和功能。而在及後的克里米亞戰爭，與及頓內茨克、盧甘斯克在親俄力量支持下的獨立運動，這些公民組織都主動支援和吸納了許多在這些地區的親烏克蘭軍人或者民眾。因此，在這幾年之中，這些非政府組織急速成長，成為政府以外的重要力量。這些組織不同於行政效率低下的政府部門，善於利用網路資源進行眾籌，並且通過非官僚的組織快速將物資購入和運輸，令有需要的民眾得到救助。」這不禁令我想到過去兩年香港的社運中，由 telegram 團隊到種種公民組織曾經如此的興旺，將民間自發和自治的能力盡然體現。「而在過去兩年的新冠肺炎期間，烏克蘭也是倚仗這些民間組織來配給所需的醫療物資，使得全國能有效對抗疫情。因此，這次戰事之中，烏克蘭的民間組織也跟政府軍緊密合作，全方位支援國內外的公民與政府單位，對抗入侵的外敵。」

Ihor坦言，對於烏克蘭的大多數人來說，戰爭以至於戰場上的戰術或者戰地醫療，都不是如此陌生的事。「畢竟，政治和軍事衝突長久以來都籠罩在這片土地之中，只是過去的衝突比起今天，都顯得小巫見大巫而已。」一如上了年紀的香港老人都記得三年零八個月，烏克蘭的中老年人同樣擁有難以忘懷的戰爭災難記憶，「例如在七、八十年代曾經隨蘇聯軍在阿富汗的多年征戰，還有車諾比（Chornobyl，台譯切爾諾貝爾）事件，都是歷歷在目的噩夢。因此，即使今天爆發的全面戰爭，使得多數人大跌眼鏡，但烏克蘭人也不是全無準備的，只是在力量懸殊下，弱方實在難言有萬全之策。」

普京之野望？

但從一個關心俄羅斯政治的學者而言，普京攻烏所謂何事呢？到底他在籌謀的又是甚麼？Ihor笑著說，這大概是百萬富翁終極提問級的問題。「到底能否找到一個國家出兵的最重要目的呢？還是從不同的角度切入下，都能夠閱讀到不一樣的因素呢？如果我們單純將入侵烏克蘭看成一個完整國家被壓制，目的似乎是相當明確的，不就是要建立一個傀儡國家，又或是索性推翻現有國家政權，全面控制烏克蘭地區的政治經濟體系。畢竟過去的蘇維埃對於東歐或者高加索、克里米亞地區都有類似的跨境支配力量，如今不過是一嘗過去權傾天下的榮光。但當深入閱讀下去，我們會看見這典型的詮釋角度其實帶有相當的內部矛盾。」

「套用某種感知哲學的講法，對應某個行動的立體目的其實是一個眾數的存在模態，對於不同的受眾或者參與者而言，同一件活動都可以帶有相當不同的目的或者意義。不管是從俄羅斯國家、烏克蘭人民、國家社會或者某些地緣政府相牽的周邊國家地區而言，這場全面入侵的目的或者意義都是相當迥異的。」Ihor 多番強調這種閱讀戰爭目的的複雜多面性，尤其因為目的性也得指向著不同的時間線，在歷史中串起不同大大小小的目的和操作。「一如我剛才所談，近8年來，烏克蘭不同層面上的發展都相當不同，因此這些共存而互相衝突的企圖和目的，既使得這場戰爭發生，也令不同單位產生相應的反應。」他推薦我去讀讀 Peter Pomerantsev 在 2014 年的暢銷著作 *Nothing Is True and Everything Is Possible*，以一個相互衝突和複雜拉扯的新思考框架，重新閱讀所謂俄羅斯發動戰爭的目的，這也是他認為比起單純猜度普京的個人欲望或者俄羅斯軍國利益更為現實。

歐盟北約坐看雲起？

當然，當普京肆虐，戰鬥民族四方八面殺入烏克蘭，看倌們甚至烏克蘭總統都在日盼夜盼，西方自由世界會出手相助。聲明譴責固然少不了，拜登（Joe Biden）也睡了一覺後，終於在翌日舉行記招，宣布制裁俄羅斯，以經濟手段作為美國為首的西方國家的主要回應。在北約和美國沒有派軍相救，歐盟也沒有大力還擊下，是否象徵了綏靖主義的重來，這些戰後秩序無力回應俄羅斯的挑戰呢？「我認為單純以無力回應來理解美國或者歐盟的反制措施是有點說不過去。但這也得從兩方面去看。首先，入侵的『策劃者』是相當『專業』，這專業指的是行政主導的政治主權力量，能完全凌駕地方或者組織異常分歧的目標和利益，使得整體能服從於同一目的。這使得如此大型的戰事得以在廿一世紀爆發，這種『專業』自然是源於老練的經驗和管治哲學的穩定。畢竟俄羅斯近廿年都是同一個專權的政體，同一個大腦發號施令，因此即使在具體的實質執行中未必事事能顧得上，但至少在整體方向上，俄羅斯可以二十年如一日，普京說了算。但在那些民主國家便困難得多，執政者不可能有二十年時間演練操作，政黨輪替早就發生了好幾回，還有議會派系之爭，公民社會的拉扯角力等，都使得民主國家需要兼顧更多的持份者，更需要妥協，政策上也便不會有如此由上而下，一錘定音二十年的『優勢』，這是其一。」

「但同一時間，經濟制裁也不如許多人所講的那麼無用，只是效果不如炮彈般快速見效。站在西方國家的角度，他們事實上正在攻擊對方的弱點，也便是經濟上的劣勢，需要倚賴西方財金市場進行集資匯款或者資源買賣。」因此這些宛如「阿基里斯之踵（Achilles' Heel）」，是可以具體地衝擊俄羅斯的經濟體系，進而逼使俄羅斯失去蘿蔔的時候，重新反思自己的木棍是否值得繼續在歐洲亂舞，尤其當前者將會愈發威脅其社會秩序和管治正當性的時候。「我也很想點明一點，便是當『西方社會』一直被許多人當作一個非如此不可的主體時，其實需要停一停認清一點，便是歐盟或者北約都是許多國家組成，而這些國家都是各有盤算。在否決票（veto）機制之下，只要跟一兩個國家做交易，便能夠阻撓了這些西方社會主要組成單位的決策，使得他們難以推行更強而有力的還擊或者回應。這也是必須要注意的面向。只是再多的制裁，也沒法把過去三日逝去的靈魂贖回來，沒法換回原來的烏克蘭面貌，這單邊的經濟戰操作只是帶我們回到起初的問題，這場戰爭的目的是甚麼，一紙和約是否真的帶來永久的和平？到底真正的出路又是甚麼？」

（此文章刊於明報）

一場爲了獨夫個人野心而發動的戰爭：軍事愛好者的視角

作者／不曾遠去的硝煙

獨裁者普京神話的崛起與幻滅

在俄羅斯普京2000年剛上台的時候，他曾經對國民作出一個莊嚴的承諾：給我20年還你一個強大的俄羅斯。如今光陰似箭，22年過去了，俄羅斯非但沒有成為普京心目中達成民族偉大復興的強大的國家，他入侵烏克蘭的舉動更反而成為了一個國際笑話。在普京上台以來，他一直努力營造對外強硬的強人形象。從他在2000年執政起，便發動了第二次車臣戰爭、入侵格魯吉亞（Georgia，台譯喬治亞）、入侵克里米亞、干涉敘利亞戰爭、武力介入烏克蘭東部戰爭等多場戰事。普京一直以來的盤算都是使用少而精的部隊，在有限範圍內打一場「精彩的小戰爭」，令俄國可以在國力極其有限的情況下，勉強支撐出普京的個人野心和慾望。對於這種「小家子氣的帝國主義」，在沒有甚麼比起俄羅斯總參謀長瓦西里耶維奇・格拉西莫夫（Valery Gerasimov）的「格拉斯莫夫主義」更為有力的了。

「格拉斯莫夫主義」（Gerasimov Doctrine）實際上就是混合戰的俄羅斯版本。所謂的混合戰，最早是由美國海軍陸戰隊詹姆・馬提斯（James N. Mattis）中將與法蘭克・霍夫曼(Frank G. Hoffman）撰寫的一篇文章〈未來作戰：混合戰的興起〉（Future Warfare: The Rise of Hybrid Wars），他們認為下一場戰爭會是不規則的戰爭，要面臨除去正規作戰威脅外，更要面對非軍事手段的戰場，因為未來的敵人會使用包括超限戰、游擊戰、恐怖主義甚至文宣戰、輿論戰等等一系列的方法來達成軍事目標。這種「混合戰」概念跟格拉斯莫夫和普京幾乎一拍即合。由於俄羅斯裝備落後，戰術低劣，常規軍力不足，故此普京大量投入資金發展非接觸式影響力，即「俄羅斯大外宣工程」，希望透過政治、外交、經濟和其他非軍事措施搭配一定的軍事武力混合使用來達成俄羅斯國家戰略目標。正因如此，當格拉斯莫夫的混合戰越是在近年俄羅斯的小規模和有限的戰爭取得勝利時，普京的野心也越發擴大。

最終，當普京的野心圖窮匕見的時候，只寄望令對方陷入混亂不戰而屈人之兵的「格拉斯莫夫主義」在烏克蘭入侵中完全失靈。正是在這個戰略構想的背景下，俄羅斯百萬子弟兵最終迎來了他們一場根本未曾設想的戰爭，一個連格拉斯莫夫也未曾想定過的大戰，最終令俄羅斯軍隊入侵烏克蘭的作戰成為國際笑話，折戟烏克蘭。然而，對於普京來說這些事並不重要，對他來說最重要的還是自己心中那遙不可及的大俄羅斯夢，既想擁有蘇聯的國力一方面卻拒絕著蘇聯歷史污點。這些取態都使得現在的俄羅斯已經顯然變成了追逐蘇聯往昔影子的幽靈，昔日已不在、只剩滿地骨。

當一個只有廣東省 GDP 多一點的國家卻擁有著如此龐大過百萬的軍隊，也注定了他們那塊少得可憐的資源根本不會夠分，只成了有型無實的餓態。永遠都要透過單方面的天然資源輸出，和不斷的侵略與衝突轉移國內視線，以掩蓋日益低迷的經濟狀況和國內發展失衡、貧富懸殊已達到極端狀態的悲慘現實，一邊是國家杜馬們日夜笙歌、而一邊則是退休老兵得不到應有的待遇，只能坐在長椅上日夜酗酒麻痺自我。

這個國度根本比賽博龐克更加賽博龐克，還是那兩句老話說得好「莫斯科從來不會相信眼淚」，「他一個人的死是個悲劇，但是因為他的錯誤而犧牲的百萬紅軍戰士難道就只是一個統計數字了嗎？」

俄國軍隊成為世界笑話：鎮暴民眾有餘，對外作戰無能

談起軍事裝備，一些五毛和五盧布馬上相當興奮，那種對於「真理在大炮射程之內」，對於「巨艦大炮」的迷戀，充滿一股男性荷爾蒙味道的菲勒斯式迷信。特別是某些人，一提到某些國家和地區，馬上從武器聯想到褲檔，急不及待要在網上發文希望烏克蘭女人來到單身的自己身邊。那種生殖慾望未能滿足的不滿和寂寞，簡直躍於紙上。談到俄國軍備，若以基本數據來講，一些武器在單體火力甚至性能相比起北約來講更為強大。以試作武器來說，T-14 以及 Su-57 實力強橫，軍迷之間津津樂道。每年世界武器展等等，俄軍軍備都會吸引到相當一班軍事迷注目；相比之下，北約一方的 F-35 的笑話出包被曝在陽光下，作戰主力的 M1A2、F-16、B-52 都是三四十年的老兵器，相形見拙。同時俄國一直以來都有閱兵傳統，向世界展示其威容，故大家就當然會認為俄軍實力可以與北約有能匹敵，甚至有種不要惹毛

態的說話。所以在烏克蘭遭入侵前，普遍認為烏克蘭會早日支撐不住投降，易幟歸入俄國勢力範圍。

然而現時戰事僵著幾乎二十日，俄國出包頻頻，暴露俄國後勤體系嚴重不足，空降兵（VDV）被當為一般步兵使用、數十公里的車龍又好，大量先進戰車被拖拉機擄獲，通訊用對講機也是坊間能見的寶鋒機，飛彈晶片用淘寶貨，軍糧過期五年，甚至到烏東民兵之裝備，尤其槍枝，都是使用二戰時代的武備。現時生存遊戲（Wargame）的玩家在防具甚至通信裝備上比起他們更精良。這些亂象理應不會在這個泱泱大國出現，當然就會令軍迷們失望跌眼鏡。

不願意接受這個亂象的軍迷，有些會認為一切上述笑話都是西方杜撰，認為一切都是親烏的「大本營新聞」，陰謀論滿天飛，同時也會痴心錯付，轉睇更沒有制衡的中俄方消息並盡信其想法，認為烏克蘭將會被擊潰，烏克蘭納粹份子將會遭氣爆彈消滅，甚至在戰況上自己當起「大本營新聞」，比如對於俄軍BTG入侵中烏克蘭埋伏，就酸烏克蘭沒有實力殲滅俄軍裝軍師，並說俄軍根本沒太大損耗幾乎可以正常策略式撤退；同時一見到烏克蘭軍被圍，就叫大家接受現實投降，哈爾科夫炸到稀巴爛就說烏克蘭無力還手等等。但大家必須注意到，武器再精良，後勤體系也相當重要，除了戰場補給外，如果生產配套不足，精良武器不單沒作用，甚至成為拖慢戰局的負累，比如在二戰終局，納粹德國廣泛使用噴射戰機 Me-262 以及最先進的虎式坦克，但耗油大而且生產緩慢，一旦有損傷就難以補充。現時俄國最先進的坦克生產速度緩慢就是最致命傷。**T-90/T-14** 生產速度有如戰鬥機，當然趕不上戰損速度。

俄國空有廣袤大地但卻只輸出天然資源，經濟當量甚至不如廣東一省。哪怕普京再有雄心窮兵黷武，其國力也大相逕庭，先進軍備的數量反而就顯得德不配位。俄國一直以來重視軍備性能，但閱兵軍備以外的非作戰鬥車輛生產卻嚴重不足，所以就會出現民間車輛掛上 Z 的笑話。雖知道輕工業對於現代戰爭遠比起過往重要；士兵所用的裝備，軍備維護的工具及的電子部件全都需要完整的輕工業支持。而軍備涉及生死，質量控制（QC）應該需要嚴格，絕不能馬虎了事。缺乏健全的輕工業就代表軍備背後的支援無法做足，廢了大部分武功。若加上貪污，為了中間縮數時，貪平買淘寶貨填充，就可能令再先進的軍備也只能淪為 1：1 的昂貴模型，甚至是烏克蘭農夫收割的「農作物」。

見到優良性能的軍備會著迷，是每一個軍事迷都會的事。然而，就如同版主經常反覆提及的那一句名言一樣「外行看裝備，內行看後勤」。俄國軍隊能夠在國內唬嚇，平定中東叛亂份子有餘，但對於入侵舉國抵抗的烏克蘭力有不及也是事實。現代戰爭並不是三國無雙，空有單體性能是無法改變戰局；而俄國產業結構過份著重軍工／重工業，一如古代斯巴達式，完全尚武不惜一切的國度，在現代高度專門化的技術下是完全過時的事，所以若軍事迷要對軍備認識更多，就必須要由背後的生產編制看起，而且要兼聽，不應該活在自己有限的識見，才能客觀了解局勢。

（此文章刊於「不曾遠去的硝煙」臉書專頁）

「抗爭傳播」作爲俄烏戰爭切入點：網路革命後第一場現代國家間的傳播較量

作者／忻淩賢

戰爭不只有熱戰，也有資訊戰、傳播戰的部分。俄烏戰爭的資訊戰之所以特別，除了是一場專制、民主國家之間的戰爭傳播（War Communication）較量（上一次相類似的討論，好可能已經是二次世界大戰），亦在這是網路革命後第一場現代國家間的傳播較量。

以往資訊戰是由機構（政權、大眾媒體）主導，人民經常只處於接收資訊的一方，但現在社交媒體及網路影音平台盛行，人民也有傳播及參與製作內容的機會。因此當代戰爭資訊戰是多角色互動、高流量且瞬息萬變。

抗爭傳播作為切入點——網路科技如何介入政治對抗

在討論俄烏戰爭傳播之前，想先介紹抗爭傳播（Protest Communication），因為這個角度能夠為我們展示，當代網路科技如何應用在富有對抗性立場的環境之中。

撇除一系列反恐戰爭，在俄烏戰爭發生之前，世界大部分衝突都發生在單一政體之內，由2010年阿拉伯之春、2014年烏克蘭危機，到2019年香港反修例運動，這些衝突的共通點，都是政府與（部分）人民處於對立的狀態，而抗爭傳播就網路科技應用提供以下分析角度：

一，人民如何利用網路科技所提供的機遇，去促成抗爭的實踐及創新（例如在Google

Maps 上製作抗爭地圖標示警力的位置及部署、在 Telegram 上建立快速傳播抗爭資訊的頻道、在網上號召參與線上聯署或線下示威抗爭），並建立抗爭傳播網路（Protest Communication Network），透過媒體、社交媒體專頁群組及即時通訊群組宣揚及達到抗爭訴求。

二，政府如何利用資源上的優勢，透過購買及學習網路科技（例如鼓動政府支持者建立專頁及群組以抗衡反對聲音、製作網路資訊及廣告反駁訴求、監測及參與抗爭者資訊頻道的討論），縮窄與抗爭者的技術差距，並以其人之道還治其人之身，抑制、打壓甚至是消除抗爭行為。

三，政府與抗爭者雙方爭奪話語權，在社交媒體及大眾媒體上各自地呈現或重塑抗爭「現實」，以影響大眾如何理解抗爭行為。

烏克蘭的戰爭傳播——軍民網路合作與分工

上述抗爭傳播的分析角度，部分也可以借用在戰爭傳播之上。

以俄烏戰爭作為案例，最突破原有分析框架的地方，就是在烏克蘭政體之內，政府與人民並非站在對立面，更站在同一陣線對抗俄羅斯的入侵，從而引發出戰爭傳播中的合作與分工網路：

一，政府主動領導論述，建立以總統、官員及軍象為核心的官方傳播體系

以往的抗爭衝突中，政府在傳播戰一直處於被動位置，而這次卻積極面對俄軍的步步進逼，務求對外對內也能夠建立有效的溝通及傳播：政府統一發布重要資訊渠道，呼籲民眾只跟隨官方消息，同時快速回應各類謠言，以阻止虛假消息在民間散播。最近的例子來看。有俄議長宣稱烏總統早已逃出基輔，而澤連斯基及其幕僚則在當地著名歷史建築物前自拍，迅速上傳社交網路加以澄清。

此外，烏克蘭政府亦善用數碼工具組織支持及對抗，例如接受加密貨幣捐款，以及號召全球駭客及網民對俄羅斯網路組織攻擊；並盡力提供網路科技基建，以確保穩定的傳播環境及條件。烏國副總理就曾在 Twitter 公開呼籲伊隆・馬斯克（Elon Musk）開啟 Starlink 服務，最後成功爭取之餘，亦安排器材運送至各大城市，以提供穩定的網路服務。

二，人民重啟抗爭傳播網路

這次的戰爭，烏克蘭人民迅速就俄國軍隊的動向作資訊發布及傳播（例如報告敵軍行蹤、展示敵軍傷亡、將傷亡統計製成圖表），並24小時更新周遭戰況；同時積極配合及融入官方傳播體系，不停轉發官方消息，用民間紀錄及觀察填補官方論述不足，從而加強國家機器的傳播效率。

抗爭傳播網路有其經驗傳承的面向——人民汲取之前抗爭的教訓，很快就能將傳播經驗，套用在當前的戰爭危機之中，例如要在社交媒體上放佈甚麼有利整體軍情及提高士氣的消息、要在即時通訊工具向親朋鄰居傳遞甚麼安全及避難資訊等。這種經驗重啟，令人民加快適應及應對當前的戰爭危機。

而媒體及觀眾，亦有著類似的重啟體驗，例如在烏克蘭受襲第一天的前後，外國媒體已經在基輔及各個主要城市設立直播點；而香港觀眾也懂得如何找出這些直播頻道，並利用社交媒體及即時通訊工具分享烏克蘭的現場資訊。不論是烏克蘭人民還是外地觀眾，正正曾經接收及處理過海量的抗爭及衝突資訊，因此能夠迅速重新掌握曾經學習過的傳播技能。

三，政府與民間網路共同對抗俄國論述

烏克蘭政府和民間在網路信息的操作上存有一定程度的互動，謀求在社交媒體及大眾媒體，影響國際社會及俄烏軍民對這場戰爭的理解。

這次跟以往最不一樣的地方，就是在不同戰爭熱門題目上，政府與民間網路不再各持已見，雙方身影的同時存在，目的在於合力在不同位置、角度呈現或重組戰爭「現實」：

● 基輔之鬼（Ghost of Kyiv）

在戰爭的初期，社交媒體開始流傳一位烏克蘭王牌機師，在基輔上空以一敵六，最後更用一天的時間，將敵機逐一擊落。因此網民稱之「基輔之鬼」，更為此提供不少短片「證據」，成為國內外網路熱話，官方軍方 Twitter 帳號更向「基輔之鬼」致敬，將他描述成「俄羅斯戰機的惡夢」。

最後媒體揭發，熱傳短片只為電腦合成，軍方只能證實敵機被擊落的數字，而前總統波洛申科所「實證」的機師，亦只為軍方舊有宣傳素材。以上種種，依然無礙這個都市傳說在網路繼續發酵，時至今天，「基輔之鬼」依然在官方帳號「陰魂不散」。

可能對政府及民間網路來說，現在的烏克蘭正正需要一個英雄傳說，去為處身危難當中的軍民給予信念與希望。

●傷亡數字

烏國軍方每天公布的俄軍傷亡損失數字，從而向外界展示其防衛能力，足以為俄軍帶來實質性傷害，一方面營造有效抗敵的表象，提高烏國軍民士氣，另方面收阻嚇俄軍之用。

雖然烏國數字廣受媒體採用，但其真實程度難以被查證。因此傷亡數字在民間的社交媒體及即時通訊媒體流傳之時，通常亦會配以不少俄軍士兵、戰車殘骸的圖片，或是敵軍戰機被擊中的畫面，用以呈現俄軍受到的「打擊」、「毀滅」，側面增加官方數字及論述的可信性。

●戰俘處境

俄國年輕士兵在烏國的遭遇，最近也成為網路熱話，講述的不是他們如何驍勇善戰，反而是怎樣誤入戰場、落荒而逃，或是無知地進入當地警局為坦克借油，被烏國軍民輕易逮捕。成為戰俘的年輕士兵，在鏡頭前得到善待，得到食物，得到透過電話向家人懺悔的機會；而同一時間，烏國官方社交帳號推出多項處理戰俘的措施，包括設立查詢熱線，及以戰俘母親前往基輔作前題的交還計劃。

上述種種孰真孰假，國外內網路觀眾無從得知，但政府與民間網路所共同呈現的「戰俘處境」，就肯定是一場針對俄國軍民的政治宣傳心理戰。而俄羅斯亦不斷收緊社群媒體限制，可見網路傳播的負面資訊，已經開始影響人民對俄國政府及軍隊的信任與期望。

網路科技導致戰爭傳播出現質變

烏克蘭政府及民間網路，有相當大的空間去進行戰爭傳播操作，全因媒體在報導戰爭時，相當依賴官方及民間的「資訊」提供。這種情況絕對可以理解，戰爭所涉之範圍幅員廣大，媒體根本不可能驗證所有戰況及事件，但礙於社會有著全天候報導及即時更新的期望，因此即使未經查證，也不得不對部分官方或民間的說法照單全收。

而補救方法，就只有在文章加上「無法獨立查證」的免責條款。對接觸到資訊的第一群人來說，免責條款仍有提高警覺之效，但在二次、三次資訊再傳播之後，免責條款很快就會被人拋諸腦後；但由於曾經得到媒體機構的報導，為未經查證的內容增添可信性，亦令其逐漸成為網路廣泛流傳的戰爭「現實」。

網路科技的進步，讓政治傳播出現了更在地、更無時間地域障礙、更快速、更個人化的質變，亦同時衍生出很多關於網路安全、用戶私隱外洩、網路迴音壁效應、虛假資訊的挑戰。戰爭傳播作為政治傳播的重要部分，大家絕對可以預期，俄烏戰爭的繼續發展，只會增加更多傳播質變及挑戰。

（此文章刊於關鍵評論網）

俄烏戰爭的第二戰場：臺灣成假訊息受害者攻擊美國、仰賴中國成主力

作者／劉怡馨

瘦骨嶙峋的受難者並排而立，身無一物、下腹肋骨突出，彷如正遭受集體酷刑，該照片在 Facebook 上流傳，並配上這樣的註解：「他們是烏克蘭人，在其共產主義政權下有 700 萬人死亡。」呼應了俄羅斯總統普京宣示的出兵理由：要解放遭受「種族滅絕」的頓巴斯地區，並讓烏克蘭「去納粹化」。

該篇文章在2月12日發布，迅速獲得超過1500次分享，包括：「該死的共產黨員」、「因為左翼和全球主義是勝利的一方，而勝利的一方總是主宰著敘事，『官方』版本，審查和隱藏他的所作所為，你永遠不會在好萊塢看到關於它的電影。」

不過，實際上該照片為二戰期間奧地利納粹集中營的囚犯，已在烏克蘭流傳超過4年；如今隨戰爭發生再度瘋傳。

烏俄開戰至今逾一個月，烏克蘭關鍵首都基輔仍未被攻破；但在假訊息營造的平行時空裡，俄羅斯在開戰第一天就攻下基輔、哈爾科夫等重要城市。

全球的事實查核機構為俄烏戰爭再次開啟大型合作。臺灣事實查核中心總編審陳慧敏表示，與上次COVID-19大型合作經驗相比，這次更進一步多了「重複假訊息」的標記。發起合作的事實查核組織西班牙Maldita安排了一位專職人力，每天確認來自全球各地的事實查核報告，查看有沒有重複的內容。除了能讓事實查核更有效率，也能迅速觀察到哪些假訊息同時在全球各地流傳。

各地流傳的假訊息通常與該國的文化歷史背景息息相關。讓我們從兩個路徑探索：怎樣的假訊息可以跨國傳播？這些跨國傳播的假訊息與實際的戰況如何扣連？另外，甚麼樣的假訊息又是臺灣獨有？為甚麼臺灣會出現這樣的假訊息？

我們發現，跨國流傳的假訊息大多與戰況有關，在「立場」方面呈現烏俄雙方的激烈交鋒，與實際戰況相比，也自成一個奇異的平行時空；而當跨國假訊息流進臺灣，又會被加上獨特的語境，一邊操縱社會對美國的不信任感，同時加深對中國的依賴程度。

俄烏資訊戰：隨戰爭演變，不斷強化的假訊息

截至3月17日，近2000篇事實查核報告中，跨國流傳的假訊息數量約佔一半，我們深入解析開戰後首週的近千篇假訊息，有86個「範本」假訊息在不同的國家流傳。

關於戰爭的各種訊息，在世界各地傳播，猶如實際戰場的延伸，兩方都試圖影響外界對戰事的認知。俄羅斯不斷塑造烏克蘭正進行種族滅絕、美國在烏克蘭境內設生化武器研究室，

以及強調其快速佔領烏克蘭各大城市；有關烏克蘭的假訊息，則傳出大量不相關事件的舊圖，宣稱為俄烏戰爭下的平民受難者，達到感性訴求。

臺灣國防安全研究院網路安全與決策推演研究所助理研究員吳宗翰分析，開戰前，雙方主要在塑造對自己有利的環境，俄羅斯希望開戰，就會塑造出兵的正當性，包括指稱北約軍隊不斷東擴，甚至傳出包圍俄羅斯的訊息，「俄羅斯就會說我是被威脅的一方，（北約軍隊）已經兵臨城下，我不得不出兵。」

烏東地區戰火已經持續8年，是此次戰爭的前哨戰，俄羅斯控制頓巴斯地區，並且長期釋出假訊息，不斷塑造出兵的正當性，吳宗翰舉例，包括烏東地區人民被虐待，烏克蘭政府準備以核武器攻擊當地等，「俄羅斯塑造出『我們遭遇更大的威脅，所以我一定要反擊』的故事。」當這些假訊息搭配目前局勢、新聞順勢操作，達到對俄羅斯有利的成效。而站在俄羅斯對立面的烏克蘭，則盡可能放大俄羅斯問題，以尋求外部支援。吳宗翰指出，戰爭初期烏克蘭盡可能曝光被攻擊的很慘、平民受傷、屍體等照片，達到感性訴求。

但吳宗翰也提到，戰爭演變到現在，情勢慢慢逆轉，社會凝聚力也變高，反而比較多訊息是在強調烏克蘭抵抗成功，俄羅斯軍隊一下就被打跑，「當然實際也可能有這狀況，但整個訊息成分、誇張程度，可能超出實際狀況。」

進入戰爭狀態後，「戰爭現況」成為最廣為流傳的假訊息。吳宗翰舉例，假訊息強調俄羅斯進攻迅速、強大，符合大家過去印象，同時，烏克蘭當時也確實很多城市迅速被攻擊，因此營造出烏克蘭就是如想像中的弱。

吳宗翰解釋，俄羅斯進攻的假訊息，一種是強調進攻者迅速，讓被攻擊者失去抵抗的意識；另一種則是正面說服，宣稱當地人歡迎俄軍，兩種假訊息在戰爭演變下，不斷交互使用。

但另一方面，當戰事陷入膠著，俄羅斯軍隊在哈爾科夫、基輔的入侵企圖均被擊退，假訊息仍試圖營造俄羅斯軍隊的勝利，包括宣稱俄軍已經佔領哈爾科夫、基輔市中心廣場被炸毀，甚至傳出澤連斯基已經逃走、遭斬首的假訊息，企圖利用烏克蘭社會過去對政府的不信任，操作風向影響民心。

而在國際情勢上，隨著戰爭開打，西方各國紛紛加入制裁俄羅斯行列，從經濟、工業、運輸等面向切斷俄羅斯與世界的聯繫，甚至發表聯合聲明，從「環球銀行金融電信協會」（SWIFT）當中剔除特定的俄羅斯銀行，確保其與國際金融體系脫節。

而被外界認為親俄的中國，始終保持曖昧態度，在俄烏戰爭初期，聯合國譴責俄羅斯的表決裡，中國選擇棄權，至今俄烏戰爭持續一個月，聯合國特別會議再度表決要求俄羅斯停止侵犯烏克蘭的軍事行動，中國同樣選擇棄權，而非明確的表態「支持」或「不支持」。中國國防部日前發聲明指出：「中國並未向俄國提供軍援。」但也同時呼應俄國說法，指控美國在烏克蘭進行生化武器研究，要求華府「給世界一個交代」。中國在現實世界裡曖昧不明的態度，在假訊息建構的世界裡，呈現的卻是俄羅斯獲得中國強而有力的支持，例如中國國防部宣稱，「他們隨時準備支持俄羅斯，以防美國和北約進行軍事干預。」此外，更有假訊息造謠西方國家退出北約、美國演員史蒂文．西格爾（Steven Seagal）加入俄羅斯軍隊等。

「戰爭假訊息配合認知作戰，對進攻者有較大成功的可能性。」吳宗翰表示，俄羅斯長期進行認知作戰，最終目的就是塑造對攻擊者有利的環境，包括利用分化、強化對某些事情的認知，讓該社會分崩離析。

克里米亞認知作戰成功，俄羅斯這次卻操作失敗？

「俄羅斯塑造出兵的理由，不是現在才開始，早在2014年烏東地區情勢緊張，（假訊息）就一直存在。」吳宗翰表示，烏東獨立地區長期被俄羅斯高度控制，當地很多假訊息內容，包括美國將幫助烏克蘭攻擊烏東地區、烏克蘭政府屠殺當地人、烏克蘭政府準備以核武器攻打烏東等。

他進一步解釋，烏克蘭社會存在嚴重分歧，包括烏克蘭人及俄語裔人之間的激烈對抗，在2014年克里米亞危機的例子中，俄羅斯製造兩者的對立，將俄語裔人對俄羅斯的親近感，轉化為政治支持，演變成克里米亞97%民眾贊成「脫烏入俄」的公投，俄羅斯成功併吞克里米亞。不過，吳宗翰認為，俄羅斯長期對烏克蘭進行認知作戰、分化社會，在2014年爭奪克里米亞半島中獲得成功；但在此次俄烏戰爭裡，「分化反而不是重點，或說沒有達到俄羅斯要的效果。」

俄羅斯針對烏克蘭烏東地區進行同樣的分化操作，但不同的地方在於，俄羅斯有別過往在旁邊煽動的角色，而是直接開戰，成為攻擊的一方，「一旦進入戰爭後，是很直接的死傷問題，你應該直接攻打（親近西方的）西烏、首都，但實際上親俄的城市，哈爾科夫、敖德薩等，都被打得很慘，這種演變下，分化起不了作用，平民實際感受就是你說的跟做的不一樣。」

俄羅斯不僅沒達到分化烏克蘭社會的目的，甚至烏克蘭總統澤連斯基的支持率也節節攀升。澤連斯基當選初期獲得7成的支持率，卻一度因為社會改革不力，在擔任總統不到一年時，就有62%的民眾不希望他競選連任。

不過，隨著俄烏戰事演變，澤連斯基支持率大大提升。根據烏克蘭非政府組織社會學評分團（Rating Sociological Group）2月27日的民調數據顯示，澤連斯基的支持率高達91%，創下其當選以來最高的支持率。吳宗翰認為，即便俄羅斯操作假訊息，破壞人民對烏克蘭政府的信任感，或許開戰前有某種程度的成功，「但戰爭爆發後，烏克蘭政府回應得很好，反而增加社會凝聚力，所以（俄羅斯認知操作）可以算是失敗。」

量身製作的假訊息 趁亂入侵臺灣

除了同樣的假訊息文本在全世界傳播，各地也會因為不同的「民情」傳播只有該地方獨有的假訊息，「每個地方因應不同需求，擷取事件當中不同成分，重新改造成他想要的東西，利用假訊息，成為國內政治操作手段。」吳宗翰指出。

從 IFCN 的事實查核報告資料庫中可以發現，此次俄烏戰爭在臺灣流傳、與國際重複的假訊息約佔六成；而臺灣獨有的假訊息佔了四成。吳宗翰分析，流傳於臺灣的戰爭假訊息，很大一部分從中國媒體報導、微信、抖音轉載而來，「當有人刻意轉進臺灣，一定是針對臺灣社會想講甚麼，包括『疑美論』。」

從臺灣事實查核中心公布的假訊息查核報告裡，可看出在國際間流傳的俄烏戰爭假訊息，轉進臺灣時，在訊息操作上更符合臺灣社會脈絡。「對我們來說有兩個戰場，一個是全球的戰場，一個是中文世界的戰場。」臺灣事實查核中心總編審陳慧敏觀察，臺灣流傳的假訊息會利用國際流傳的素材，加一句中文的傳言，轉而攻擊國內政治人物。

她舉例，國際流傳的假訊息影片著重戰爭慘況，傳遞反戰、支持烏克蘭訴求；但到中文語境後，變成：「我們不要再抗中保臺了，看看烏克蘭的下場！」；烏克蘭官員貪生怕死逃走的假訊息，流到中文世界後，變成：「看看蔡英文這些抗中保臺的官員，也會像烏克蘭的官員一樣逃走。」

同樣類型的假訊息，還包括利用烏克蘭車隊遭俄羅斯襲擊的假訊息，宣稱：「不要不知死活地一天到晚喊打喊殺地搞臺獨，刺激中共，否則一旦戰爭開打，下場也將像烏克蘭士兵一樣悲慘。」或是批評美國：「地球上只要有戰爭，邪惡美帝就是第一贏家！沒有戰爭也要製造國際危機，挑起戰爭。」

即便部分訊息內容並未直接提及國內情勢，但吳宗翰認為，假訊息的選擇就已經在影射臺灣狀況，「烏俄戰爭這麼多事情，為甚麼特別講澤連斯基跑走？從操作者挑出的特別事件，其實在影射一旦國內發生戰爭，政府可能也會跑走。」

不過，他強調，假訊息流傳背後目的複雜，包括誤傳、單純反戰、蹭流量，戰爭進行到現在，其實還難以分辨假訊息散播者的背後用意，但當許多訊息從中國轉載而來，當然不能

跨國假訊息如何帶臺灣風向？
抨擊美國、臺獨、政黨

資料來源：國際事實查核聯盟（IFCN）、READr 整理
滑鼠移至事件（手機版為點擊）可看更詳細資訊

= 原文為簡體，推測從中國傳入台灣

國際流傳假訊息內容	臺灣獨特語境
2022-02-24 俄國空軍 飛越烏克蘭 	「俄烏大戰開始，美國人還持續煽風點火，烏克蘭自信有老美支撐，得來的是不參與俄羅斯作戰。」
2022-02-25 烏克蘭總統 穿軍服在前線打仗	「反觀台灣這些一心只想出賣台灣的奸賊！」
2022-02-26 烏克蘭在頓巴斯轟炸 俄羅斯軍隊	「台灣年輕人真該好好看清現代戰爭之殘酷。不要不知死活地一天到晚喊打喊殺地搞台獨」

2022-02-27

以舊影片謊稱是
烏俄戰爭現況

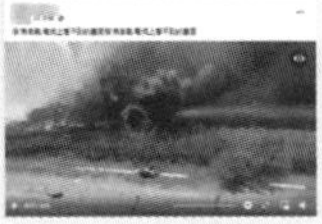

「電視上看不到的戰爭殘酷畫面，台灣1450，蔡英文，蘇貞昌不斷挑釁中國，上了戰場再漂亮的女人也是死！」

2022-02-28

挪用其他演員的表演
稱讚烏克蘭總統是新
的全球英雄

「烏克蘭選一個演員當總統，總比選一個騙子好！」

2022-02-28

變造 CNN 新聞照片
暗示媒體操弄假訊息

「蔡英文最愛講『認知作戰』。認知作戰就是『詐騙』『說謊』的美其名也！」

2022-03-11

烏克蘭利用懷孕模特
造假婦產醫院被炸
以此栽贓俄軍

「俄國闢謠文章還被臉書、推特刪除，這是資訊恐怖主義」

排除有人透過這渠道，企圖影響臺灣社會民心，甚至藉機打擊臺灣人對美國的信任。

俄烏戰爭仍未停歇，假訊息持續流竄各地，混淆外界認知，甚至企圖在臺灣另闢戰場，當真相晦暗不明，假訊息就有機可趁，成為燎原的星火，讓戰火煙硝不息。

（文章初刊於 Readr，設計：吳曼努，資料分析：李又如、徐湘芸、劉怡馨）

第三部分：戰爭下的世界結構

PART 03

俄烏戰爭：一場可以避免卻命中注定的戰爭

作者／陳偉信

當日社交媒體傳來烏國多個城市被俄國軍隊轟炸，俄軍更一度攻入基輔範圍，已是半個月前的事。烏國總統澤連斯基更成為國際政治的焦點，多場對西方政要及國內民眾的網上演說，更成為社交媒體爭相廣傳的內容帖子。彷彿一時之間，世界大部分人民均與烏克蘭人站在一起，而「世界和平」不再是用於選美會作結的空泛言辭，卻是大部分人的希望。當然，伴隨著這些正面的人文訊息，也會大量犬儒的聲音及借題發揮的評論。

筆者強調「大部分人」，除了是客觀上的確有不少人支持俄羅斯對烏進行「特別軍事行動」／「維和行動」（普京語），也是作一個國際關係研究者的個人吐糟：畢竟即使不用「自古以來俄烏同為一家」、「烏克蘭不過是蘇聯建立的人造國家」這套普京建構的帝俄歷史觀，俄烏衝突自「歐洲廣場」（Euromaidan）後幾乎從未停止：克里米亞戰爭後俄國成功將克里米亞地區併入俄羅斯；烏克蘭在頓巴斯（Donbas）地區與兩個聲稱獨立的親俄「共和國」的武裝衝突一直存在，即使在多國斡旋下簽訂《明斯克協議》，但本質上從未有效執行相關內容。隨著2021年4月不同官方及民間情報指出，俄國在東部及中部抽調軍力集結俄烏邊境，總統普京會否再以「克里米亞方程式」處理烏克蘭東部問題，還是直接以戰爭方式介入烏東事務，似乎只是時間問題，而若最終結果走向後者，卻非眾人希望所見。當然，對於烏克蘭人而言，前者與後者的分別其實不大。

筆者以「可以避免卻命中注定」（avoidable but inevitable）的戰爭來形容這場俄烏戰爭，是以國際關係研究者出發，可說是相當欠缺「人文」氣息。畢竟國際關係研究武裝衝突的方法學，往往由「結構」（structure）出發，輔以當時的社會脈絡（context），去思考一場戰爭的起承轉合，當中「人」的元素並不多。因此，假如讀者希望從本文找到一些動人的小故事，或者充滿激情的字句，大可自行翻到下一篇文章。但假如讀者有興趣以「非人」的角度理解俄烏戰爭，筆者倒有以下可以分享。

戰爭命中注定：一個地緣政治學的觀點

俄烏衝突成為港台社會以及亞洲諸國的焦點，其中一個原因是不少亞洲國家視這是對美國會否協防烏克蘭，從而彰顯捍衛自由民主體系的決心之測試。而對於美國在歐洲及亞洲眾盟友而言，俄烏衝突更是與美國軍事同盟的重要試金石——儘管烏克蘭並未正式加入北約，也沒有與美國簽訂有約束力的軍事同盟協定。因此，每當美國及歐洲表現軟弱，或是對烏克蘭的軍事要求（如設立禁飛區）加以拒絕時，社交媒體總是表現得咬牙切齒，既是對烏克蘭的情況表示憂心忡忡，也紛紛指責西方出賣烏克蘭，但其實背後的換位思考，是他們擔心自己也會總有一天被美國出賣（或樂見美國最終會出賣他們），因此借題發揮而已。

然而，即使我們不是被社交媒體再次炒熱的「進攻現實主義」信徒，俄烏衝突能否從本質上可以避免，筆者認為只要俄烏兩國分屬不同的意識形態陣營，俄烏兩國最終還是會爆發衝突，分別不過是形式及如何回應而已——也就是筆者早已提到的「克里米亞方程式」及「直接戰爭」的分別。筆者這種相對悲觀的看法，源起烏克蘭在國際地緣政治的角色。

傳統地緣政治學權威麥金德爵士（Sir Halford Mackinder）在一百多年前提出的國際政治的基本是地理分析，也就是不同國家佔領的客觀地理位置，以及按其地理特徵所發展的軍事、政治及經濟力量。與此同時，麥金德提出將世界分為三個不同地理板塊：世界島（World Island）、近岸島嶼（offshore islands）、邊陲島嶼（out-lying islands），並留下不少地緣政治學者津津樂道的金句：「誰可掌控東歐便能掌控心臟地帶，誰可掌控心臟地帶便能控制世界島，誰可控制世界島就能掌控世界。」因此對早已在地理上「掌控」大部分心臟地帶的俄羅斯而言，她的核心地緣政治利益，便是如何將地理掌控鞏固為在政治、經濟以至軍事上掌控既有的心臟地帶，同時減少來自其他意識形態陣營的威脅——這被米爾斯海默教授（John Mearsheimer）視為「地緣政治學的101」。相對而言，假如西方社會要限制俄羅斯在國際政治的影響力，她們也要確保東歐地區不會完全地倒向俄羅斯。而兩套地緣戰略的其中一個重要接觸點，就是現時戰火連天的烏克蘭。

「完整的」烏克蘭因三個特殊的地理元素，令她「命中注定」成為大國地緣政治角力的受害者：從地理位置而言，包括克里米亞在內的烏克蘭位於俄羅斯進出黑海（Black Sea）及亞速海（Sea of Azov）的出海口，而即使失去了克里米亞後，敖薩德（Odessa）及馬納波（Mariupol）仍是烏克蘭可以控制黑海及亞速海的重要港口，也因此成為俄軍這次軍事行動的重要進攻城市；從人口分佈而言，烏克蘭人口分佈基本以聶伯第河為界，東部及南部地區多說俄語以及有較強的俄羅斯意識認同，西部及中部則以烏克蘭語以主及較為親歐及親西方，這也反映在數次有親俄及親西方總統候選人的得票分佈之上；從經濟資源方面，烏克蘭因位於東歐平原的黑土帶，在農業生產上本來就得天獨厚，有「歐洲麵包籃」（Breadbasket of Europe）的美譽，加上東部地區在蘇聯時代已是礦產及工業地區，以及作為俄羅斯的天然氣輸往東歐其中一個重要中轉站，烏克蘭的地緣經濟價值——不論是對俄羅斯或是西方社會——也不容忽視。

因此，烏東地區甚至廣義烏克蘭屬於地緣政治視角的地緣政治斷層（geopolitical fault-line）。所謂的地緣政治斷層概念是借用地理學有關斷層的理解，指兩個不同地緣政治利益的板塊磨擦的地區，因此有很大機會出現衝突甚至戰爭的情況。當然，相似的概念也被用在亨廷頓（Samuel Huntington）的《文明衝突論》，即烏克蘭及俄羅斯被視為兩個不同的文明，而烏東地區就是亨氏書中的文明斷層（civilisational fault-line）。然而，相對於「文明差異」的虛幻，地緣政治斷層的重點強調是使衝突本身源於衝突方對地緣利益詮釋的不同，但要將這些利益差異升級至武裝衝突甚至全面戰爭，相關國家便要將利益約化為「文明之間的衝突」、「民族的生死議題」，以理順由差異升級之戰爭的過程，甚至直接介入斷層地區的道德藉口——這就是為何普京在2月下旬的演說，基本上為俄烏進入全面戰爭狀態壓上最後一根蘆葦。

事實上，這樣的地緣政治思考並非筆者一廂情願的想法。早於1997年，俄國著名的地緣政治學者杜金（Aleksandr Dugin）發表著作《地緣政治的基本：俄國地緣政治未來》（The Foundations of Geopolitics: The Geopolitical Future of Russia），提出對俄羅斯而言最理想的地緣政治藍圖，是將整個歐洲「芬蘭化」（Finlandization）。具體而言，這包括「鼓勵」帶有強烈「反大西洋」傳統的德法軸心主導歐洲事務（已實現），切斷英國與歐洲大陸的聯繫（也已實現），以及將波羅的海三國、芬蘭及波蘭等分別納入德法軸心圈、俄國核心圈或給予特殊地位處理歐亞聯繫事務（已失敗）。至於烏克蘭，杜金認為，烏克蘭的獨立身份是歐亞地緣政治衝突的問題所在，除非烏克蘭願意成為歐亞大陸的永久緩衝帶（cordon sanitaire），否則俄國應盡快吞併烏克蘭。杜金曾任現俄羅斯聯邦對外情報局（SVR）局長納雷什金（Sergey

Naryshkin）的顧問，其學術及政治地位也令杜金的思想一直是俄國民族主義者及新歐亞主義者（Neo-Eurasianism）核心戰略。因此，當杜金的地緣戰略只剩下烏克蘭可以執行之時，俄烏衝突在地緣政治角色而言，已是命中注定的結局。至於普京想法是否受到杜金影響，還是兩者的地緣政治視角一致，在俄國揮軍烏克蘭後也不再重要。

戰爭可以避免：外交政策背後訊息的意義

既然俄烏戰爭是「命中注定」，那為何西方社會沒有回應烏克蘭問題的危機意識，甚至最終引發全面戰爭？部分關鍵意見領袖（KOL）及社交媒體頁面不時分享來自「進攻現實主義」大師米爾斯海默（John Mearsheimer）2014年在《外交事務》期刊（Foreign Affairs）發表的文章，以及2015年在芝加哥大學的Uncommon Core講座「短片」（因為整個講座其實超過一小時），認為烏克蘭現時面對的困境源於北約（NATO）及歐盟（The European Union）的無節制東擴，令俄羅斯在「別無選擇」下嘗試以武力壓制烏克蘭這個俄羅斯後花園。根據米氏的解釋，俄烏問題的轉捩點，一是2008年北約布格勒斯特峰會（Bucharest Summit）暗示格魯吉亞及烏克蘭在未來將被納入北約體系，二是2014年美國「支持」烏克蘭推翻相對親俄總統亞努科維奇，令烏克蘭在俄羅斯眼中進一步倒向西方自由主義陣營。

米氏認為，正因為西方社會在冷戰後沉醉自由主義外交政策的勝利，忽視現實主義外交政策（這基本上是俄羅斯外交政策另一指導思想）的影響，因此美國及歐洲的自由主義者及政客要為俄烏衝突負上最大責任。當然，米氏的言論也被自由主義者大肆抨擊，認為在後冷戰的框架下，東歐國家選擇加入北約及歐盟正是國家主權的體現，也是反映她們希望與前蘇聯體制、歷史切割，重新成為自由民主體系成員的決心，因而不應受到米氏的「落井下石」。

然而，米氏這些觀點只是回應了「衝突」的根本結構因由，卻沒有回答「衝突」為何升級至全面戰爭層面。筆者認同米氏在講座下半場的觀點，不是因為自由主義者在冷戰後全面進場影響外交政策，反而是因為西方社會在現實政治計算及自由主義思考之間搖擺不定，令俄羅斯認為西方社會不會在烏克蘭有更多的動作，因而先於2014年收服克里米亞地區，扶植盧甘斯克及頓內茨克兩個親俄「共和國」，繼而在2022年的今天發動俄烏戰爭。事實上，假如西方社會真的是自由主義全面進場，以「共同安全」（collective security）的方式演繹西方社會與烏克蘭之間的關係，以「捍衛自由民主體系」視為西方社會的核心戰略利益，俄烏衝突反而不會全面升級。然而，從西方社會過去的言論及政策分析，可以反映的是西方社會給予俄羅斯的印象是計算太多，自由主義的決心太少。

以歐盟為例，早於歐盟2004年東擴後一直有聲音指烏克蘭、亞美尼亞及格魯吉亞希望成為歐盟下一批東擴名單的候選人，因此三國一直等待歐盟內部會為她們搭上歐盟列車開上綠燈。但眾所周知的是，歐盟一方面因上次東擴後須處理內部體制問題，也加上2008及2009年金融海嘯及歐債問題嚴重打擊歐洲共同市場的經濟動力，令歐盟擴張幾乎完全停止下來；另一方面，為回應歐盟在南斯拉夫問題的無力感」（以及其背後的地緣政治利益），歐洲政府的未來東擴目標鎖定巴爾幹半島而非東歐及高加索地區。而為了回應這些國家的「入歐夢」，歐盟在2004年拋出「歐洲毗鄰政策」（European Neighbourhood Policy），將烏克蘭、摩爾多亞、亞美尼亞及格魯吉亞等有「入歐夢」的國家，與那些跟歐盟風馬牛不相及北非地中海沿岸國家及中東國家放在「歐洲鄰居」（European Neighbours）的位置，美其名是跟這些國家建立「除體系外的所有」合作（everything but institution）及建立一個以「自由主義」及「市場經濟」主導的「大歐洲」（Wider Europe），其實變相向這些有「入歐夢」的國家傳達一個相對明確的信息：她們只是歐盟的鄰居，而非歐盟本體。因此，自歐盟提出「歐洲毗鄰政策」後，亞美尼亞已放棄其入歐夢轉向加入俄羅斯陣營，格魯吉亞在2008年後也沒有太多要求加入歐盟的動作（直至最近因俄烏戰爭後重新表示希望加入歐盟），唯獨是烏克蘭因為歷史及文化背景，因為對前蘇聯時代的抗拒，因為希望被認定為自由民主國家，社會上一直有聲音要加入歐盟——特別是在2013年「橙色革命」之後，加入歐盟基本上是烏克蘭社會的主流民意。但面對這些民意，歐盟除了不斷微調與烏克蘭的經貿關係外，對於烏克蘭加入歐盟基本上是選擇「戰略模糊」（strategic ambiguity）的方式回應：不說否，但也沒有說是。至於美國及北約層面，正如米氏在演講一針見血指出，美國既不視烏克蘭為美國外交政策的戰略核心價值，但同時錯誤地給予烏克蘭可以加入北約——或給予俄羅斯烏克蘭將會加入北約的錯覺，本質上是戰略矛盾的。正如米氏直言，假如烏克蘭真的不是外交政策的戰略核心價值，那為何要將烏克蘭放入帶有「共同安全」原則的北約軍事同盟之內？而假如烏克蘭屬美國及北約的戰略核心利益，那為甚麼當烏克蘭受到俄羅斯不同程度的騷擾及蠶蝕時，美國及北約國家沒有立時挺身而出，甚至在克里米亞問題及當下的俄烏戰爭上，多次表明美國不會派出軍隊協防烏克蘭，更在直接軍援烏克蘭及設立禁飛區問題上矯揉造作，極力避免與俄發生正面衝突的可能性？

筆者自然知道身邊朋友的回應是：①烏克蘭並非北約成員國，因此沒有「義務」以軍隊形式協防烏克蘭，願意以經濟制裁，情報分享，志願軍的方式參與戰爭，已經是北約國家可以做的最大極限。然而以米氏的邏輯，這既非合乎現實——畢竟北約在第三國設立禁飛區早有先例可援，也是本末倒置——因為假如北約真的視烏克蘭為戰略核心利益所在，也必定要接納烏克蘭為北約成員國的話，除非屆時俄羅斯早已疲弱不堪或是忽然民主，否則與俄國的軍事衝突根本是命中注定。②俄國在戰爭前期早已表明，假如北約或其他國家直接介入俄烏事務，等同向俄羅斯宣戰，屆時俄國將採取前所未見的手段回應，這被詮釋為不惜發動核戰來解決問題。然而，這被學界視為「核震懾」（nuclear deterrence）的理論，在俄烏戰爭早已升級為2.0的版本，即俄國主動攻擊並佔領烏克蘭的核設施，包括全歐洲最大的扎波羅結核電廠（Zaporizhzhya Nuclear Power Plant）及車諾比核電廠。假如真的要發動「攬炒」式核戰，單是破壞這兩座核設施已有足夠的震懾力（甚至可將事件矛頭直接指向烏軍或武裝組織），結果也會走上全面（核）戰爭的道路。③戰爭不是機動遊戲，豈可因為一時的自由主義意氣全面向核子大國俄羅斯宣戰，筆者的「非人」分析正正體現筆者「非人」的個性。然而諷刺的是，西方國家以志願軍方式參戰，直接將「戰爭責任」外判予志願者，甚至引來另一方爭相仿傚，卻從來無人非議甚至加以鼓勵，前提是自己參軍自己負責——這倒相當自由主義。雖然現時烏克蘭志願軍的編制是以總統行政命令成立，編制屬烏克蘭領土防衛國際兵團（International Legion of Territorial Defence of Ukraine，簡稱 ILTD），因此仍受到一般戰爭法及人道法（即《海牙公約》及《日內瓦公約》）的保障，但另一方派出的是傭兵（mercenary）還是軍人（combatant）尚未有資料印證，如何處理他們在國際法的身份對西方志願者而言有重大影響；另一方面，一旦這些志願軍不幸陣亡或被俘，相關責任是由烏克蘭一方負責，還是由該志願軍人原屬國籍的國家負責？更重要的是，一旦這些「志願軍」成為俄烏戰爭的常態，其實也是變相將其他國家捲入戰爭仇恨當中。畢竟可以想像的是，假如有大量的志願軍陣亡，民間情緒只會進一步升溫，而派出志願軍的政府會是將他們徹底切割，還是因著民情升溫被迫參戰，在這講究網上輿情及「立場」正確的年代，筆者實難預測民主國家的政府如何回應。而一旦最後也會走上全面戰爭或核戰的道路，那為何西方國家不向俄羅斯明確表示西方在俄烏戰爭的立場，反而一直顧左右而言他？

事實上，相對於西方社會在烏克蘭問題上「有意地」顧左右而言他，俄羅斯的立場及所傳遞的訊息是相對一致：烏克蘭是俄羅斯絕對的戰略核心利益，因此烏克蘭絕不能加入北約（以及歐盟）。筆者固然認為任何國家均有選擇自身政治路向及外交政策的自由及權利（這也是主權的定義），但同時她（以及其盟友）也要承擔這些政治決定的代價。因此在2014年親俄的亞努科維奇失勢，整個烏克蘭政府均有意加速向西時，俄羅斯便不斷提高烏克蘭的政治成本。歷史沒有如果，但假如在克里米亞戰爭時美國及北約挺身而出，直接或間接地軍援烏克蘭；或是當明斯克談判時，西方領袖更願意力挺烏克蘭盡快解決頓巴斯地區問題，例如直接派出維和部隊進場執行《明斯克協定》相關公投準備工作，或直接要求武裝組織繳械而非單純停火等強硬行為，從而向俄羅斯傳達一個明確的信息：「烏克蘭是北約的戰略核心利益」，或「即使不是核心利益但也不是俄羅斯亂來的地方」，俄烏問題的結果可能不一樣。畢竟由2014至2022年的8年期間，國際政治的格局有著明顯的轉變，而這些轉變直接影響美國外交政策、歐洲外交政策以及中俄關係，篇幅所限暫按下不表。

戰爭可能的終局：「芬蘭化」、「東西德化」或是第三次世界大戰？

執筆之時，有大量華文報道指俄烏兩國的視像會議談判取得進展，但同時西方媒體報道則指澤連斯基表示，只要基輔一日被圍攻，和平談判根本無從談起。同樣地，這樣的訊息差也值得另一篇學術及評論文章分析，筆者自希望有其他人以專業角度分析。但談到俄烏戰爭的可能終局，筆者嘗試拋磚引玉，希望讀者自行思考。

第一個結局，也是最可能及最好的結局，是烏克蘭自行「芬蘭化」，然後按《明斯克協定》的方式解決烏東問題，俄羅斯因國內問題及國際壓力下接受，並讓兩共和國自行決定自身的命運。具體而言是烏克蘭及俄羅斯在長期戰爭後兩敗俱傷，在其他國家的「斡旋」下俄羅斯宣布撤軍並與烏克蘭談判，烏克蘭主動放棄加入北約並在憲法的框架下將烏克蘭定為永久中立國，而加入歐盟的申請在國際政治的默契下以正常速度審批，甚至排在巴爾幹半島之後。這樣的「大妥協」是國際政治學者合理預計的終局，也廣義地符合參戰各方的國家利益。然而，「大妥協」會被西方社會民眾視為「大出賣」，在現今資訊爆炸及民粹主義的社會其實等同政治自殺，因此出現「大妥協」的時間或會在主要選舉之後，在歐洲而言即法國總統選舉後歐洲會開始出現妥協的聲音，反之在美國而言則會是中期大選前後，這視乎民主共和兩黨希望如何操作俄烏戰爭議題作選戰用途。

第二個結局，是自由主義者不希望見到的結局，是烏克蘭「柏林化」，烏克蘭將分為西烏克蘭及東烏克蘭聯邦，以聶伯第河為界。這個結局出現的前提是，俄羅斯成功佔領基輔及控制烏克蘭東部及南部地區。俄羅斯基於管治及軍事成本，提出將烏克蘭「東西德化」，現烏克蘭政府會管治西烏克蘭地區，首都基輔成為冷戰時期的柏林，而東烏克蘭將分割為不同的共和國，成為俄羅斯在烏東地區的衛星國。假如戰況是烏克蘭最終全面失陷，俄羅斯將更直接扶植親俄政權（有指普京一直希望亞努科維奇能回到烏克蘭「繼續」其總統任期），烏克蘭在外交取態及政治體制上或成為另一個白羅斯。

第三個結局，也是筆者最不希望的結局，是俄烏局勢在戰爭層面全面失控，這包括核設施因戰爭發生嚴重事故，交戰雙方不願承認責任但核戰爭已正式展開；雙方的志願軍出現大量陣亡案例，志願者的原屬國因為民情升溫而正式參戰，或有其他國家借俄烏戰爭渾水摸魚，在不同的戰線上挑戰西方國家的底線，結果令現時相對如第一次世界大戰形態（主戰場在歐洲但其他國家以不同形式支援歐洲戰場），轉化為第二次世界大戰形態（多條戰線散落在歐洲、中東及亞洲地區）。屆時，不論筆者遠眺的是香江還是台海，我們也真的與烏克蘭人共存亡，只因這場有著核子武器在背後的第三次世界大戰，可能成為人類歷史最後一頁。

筆者希望這不過是一個國際關係研究者的悲觀預言，畢竟很多國際關係研究的學者真正望到的，是人類總會因為某些愚不可及的利益犯上同樣的錯誤，也因而令世界付上沉重的代價。

俄羅斯太空戰狼外交：自絕俄國太空大國地位

文／黃家豪

自從俄烏戰爭開火後，西方對俄羅斯進行全面封鎖：經濟、政治方面的制裁相信已有不少專家分析。相對而言，西方對俄羅斯太空產業的封鎖並不嚴厲，美國亦刻意將「太空合作」從所有制裁項目中剔除，然而俄國主理太空事業的國企俄羅斯航太的總裁羅戈津卻「戰狼上身」，不但自斷所有與西方的太空合作，更疾呼要停止國際太空站的合作、又停止向美國供應火箭引擎和保養，原定3月3日發射的OneWeb衞星又因政治原因叫停。種種跡象顯示俄國有向世界太空事業切割的意味——然而，俄羅斯切斷與西方的太空合作不但將自斷俄國「太空大國」的地位，實際上亦難以對歐美造成任何實質威脅，可以說，俄羅斯航太的自毀舉動，屬於這場侵略中代價最高的民族主義夢囈。

莫斯科退出太空合作 無損歐美太空人日常

首先是國際太空站的合作，目前太空站的太空人仍然如常生活和進行實驗，未受地面的混亂影響。不過假如俄羅斯真的切割雙方合作，對美國仍是有一定影響。最嚴重的是，目前國際太空站的軌道維持完全依賴俄羅斯的「進步」飛船定期啟動引擎推高國際太空站軌道，羅戈津「放風」表示「我們可以不再維持軌道，太空站遲早掉到美國歐洲頭頂」。話雖如此，實際上，歐美依然有辦法自行維持國際太空站運作。2月17日發射的「天鵝座飛船第十七號」就搭載了供太空站軌道維持的實驗，預計4月進行實驗，如果成功的話，歐美將可擺脫對俄國飛船僅餘的依賴。除此之外，亦有各種各樣的問題，美籍太空人Mark Hei乘坐聯盟MS-18飛船進入國際太空站，原定今月末乘坐同一飛船返回，惟因制裁的關係他可能需要改為乘坐

SpaceX龍飛船返回。但這其實未嘗不是好事，龍飛船不但空間寬闊、且可以多留在太空一段時間。只是，龍飛船目前僅安裝了4個座位，要如何帶多一人返回地球成為了NASA目前的難題。

而且，莫斯科方面退出國際太空站計劃將會是「殺敵一百自損一千」，現時太空站俄羅斯部分艙段完全依賴美國供應電力和散熱器，假如俄羅斯將自家的「星辰號」等艙段脫離現有太空站的話，將會如同太空垃圾一般無法發揮任何作用。此外，俄羅斯亦缺乏資金建造新的艙段對接恢復功能，故此俄國太空人亦只能在狹小的聯盟號飛船在太空飛行數天返回地球，無法執行任何有意義的科學實驗。即使中國願意伸出援手允許俄羅斯艙段對接中國天宮太空站亦毫無意義，例如：俄羅斯因地理問題無法發射飛船到天宮、在太空的艙段沒有足夠燃料變軌到天宮的軌道、天宮亦沒有俄羅斯合用的接口供聯盟飛船對接……種種原因反映出假如俄羅斯脫離國際太空站計劃，其太空計劃將倒退到蘇聯七十年代，禮炮太空站發射前的水平。

俄國切斷太空產業商貿合作不過仰面唾天

此外，俄羅斯方面亦稱不會再向美國售賣火箭引擎，亦不會再對已售出未使用的火箭引擎提供保養工作。的確，近年俄國火箭引擎以其低廉的造價和超高的性能成為美國火箭的寵兒，宇宙神系列20年來百多次發射都使用俄國引擎，更以其低廉的造價在商業市場擊敗了美國血統的三角洲火箭。但自從2014年俄羅斯強佔克里米亞後，美國已經立法要求減少依賴俄羅斯引擎的火箭，美國牽涉國家安全的發射任務（如間諜衛星）等均棄用宇宙神五，而採用更昂貴的三角洲系列火箭。近年雨後春筍般出現的民營發射商如SpaceX、火箭實驗室等均採用自家研發的引擎；宇宙神和三角洲火箭的繼任者「火神」亦使用美制的BE-4，完全不依賴俄製引擎。因此，俄羅斯不再銷售火箭引擎只會影響目前尚未編定退役日期的安塔瑞斯火箭，而該火箭僅發射上述的天鵝座飛船，並沒有商業訂單，而按目前交付予美國的引擎數目而言只足夠發射多兩次。話雖如此，天鵝座飛船可以使用獵鷹九號或其它美製火箭發射，對美國太空活動的影響十分有限。然而，俄羅斯將無法再利用美國購買火箭引擎的大筆資金作火箭研發（目前外銷的火箭均為前蘇聯研發），俄羅斯航天稀缺的研發資金將可見進一步減少。

此前，俄羅斯的火箭發射服務向來是價廉物美的選擇，它在SpaceX崛起之前佔有國際發射市場半壁江山，即使是去年仍有不少發射依靠聯盟號在拜科努而或歐洲太空總處在法屬圭亞拿發射。不過原定3月3日發射的Oneweb衛星因政治因素取消（俄要求英國資本退出Oneweb公司）後，俄國更取消了所有歐美商業發射訂單。原本俄羅斯發射任務收費廉宜但利潤不低，可以是歐美的訂單支撐俄羅斯太空探索和太空事業緩慢發展的一大收入來源，2018年俄羅斯航太靠數次的發射便營利一億美元，且2019年與Oneweb簽定了發射19次大額訂單後收入肯定更多，即使莫斯科政府在2019年大減俄羅斯航太的預算後仍有一定盈餘。可是俄羅斯政府以政治理由停止一切商業發射除了會失去現有的商業訂單，讓歐美甚至是印度的發射公司白賺。即使假如未來俄羅斯與歐美關係緩和，衛星公司亦未必願意冒數千萬美元訂金和以億元計的業務風險押注在單方面解約的俄羅斯航太身上。俄羅斯航太此舉後只能靠俄政府訂單度日，收入必然大減，在政府補貼減少的情況下有可能連現有火箭發射亦難以維持，遑論研發新型現代化的火箭。

總而言之，隨著俄羅斯與西方的衝突日漸升溫，俄羅斯各種「制裁反制措施」實際上只會自斷太空大國的地位，不但沒有國家會允許俄羅斯參與自己的太空計劃，在缺乏資金下，俄國隨時連自身的太空體系都難以維持，對俄羅斯絕無好處。因一時的民族主義蠢血沸騰而將繼承至前蘇聯的太空發展遺產放棄，自絕於全球太空發展的俄國，可以說是現代大國的悲劇。

2022與核戰的距離：俄國末日狂賭「恐懼的總和」

作者／李紫楓

俄烏戰爭如火如荼的步入第5天，莫斯科連制空權都還未取得完全控制，就已迎來基輔全民勇武的頑強抗爭，可想而知，上至軍備下至士氣均受一定打擊。加上美國、歐盟、北約等的聯合經濟制裁，讓本來就已嚴峻的俄羅斯經濟雪上加霜，國內反戰聲勢不斷。

可在此等關鍵性時刻，俄羅斯總統普京不改強硬作風，果斷宣布將莫斯科的核武部署進入高度戒備狀態，以回應國際間的各種制裁以及對烏克蘭的援助。

事實上，從俄羅斯入侵烏克蘭那刻起，各國距離第三次世界大戰已是邁進了一大步。而普京的這個決定，可說是讓世界走向繼冷戰後關乎人類存亡的最大核武危機。

莫斯科的王牌：核武庫與核威懾力

無可否認的，核武一直是俄羅斯的軍事軸心，莫斯科能在二十一世紀維持其堅固的軍事地位，靠的便是其核武政策以及核威懾力。

先說其核武庫與水平能力。俄羅斯坐擁有全世界最廣泛的彈道導彈和巡航導彈庫存。據SIPRI的最新統計[2]，2021年俄羅斯擁有的核武數量約為6255枚，比之美國的5550枚核彈頭還要多，且遠遠拋離華盛頓以外的核武擁有國（NWS）。

事實上，莫斯科的核武包括多枚能夠直接威脅美國、歐洲本土的洲際彈道導彈（ICBM）、潛射彈道飛彈（SLBM）以及戰略轟炸機，而這些彈導飛彈的射程更是覆蓋大半個地球，打個比方說，潛射彈道飛彈 R-29RM（北約稱 SS-N-23）射程就達 8300 公里、洲際彈道導彈 R-36（北約稱 SS-18）「撒旦」的射程亦可達 11000 公里，而後者現時服役 Mod 6 更有配備10枚分導式多彈頭導彈（MIRVs）。

值得一提的是，鑑於美國受〈新削減戰略武器條約〉（New START）限制，華盛頓縱有 MIRVs 的技術，目前卻無現役備有 MIRVs 的 ICBM，故如若美俄開戰，後者的 MIRVs 或許會為莫斯科在核武方面帶來少許優勢。加上俄羅斯最新研發的極尖端戰略武器系統，例如射程至少達 6000 公里的「先鋒」（Avangard）實為高超音速導彈（Hypersonic missile），而高超音速武器現時僅為中美俄三國所擁之技術，亦沒有任何防禦系統能夠攔截。

換句話說，俄羅斯完全有威脅美國等國家安全之能。這也是為甚麼美國為首的北約國家，即使面對莫斯科在相對和平的時代，面對極不合理的侵略行為，仍公開發表聲明表示不會直接派遣軍隊於烏克蘭作戰。因為畢竟俄羅斯的核武能力還是世界上數一數二，而烏克蘭既非美國與北約的主戰場、本身亦無與其有明文的集體防禦一類的安全條約，是否必須拿本國國民性命以及第三次世界大戰的可能作賭注，來救基輔於水火之中，正是各國躊躇的一大考量。

危險的邊緣政策：Escalate-to-de-escalate

其二，也是最重要的一點，就是普京領導下的俄國核武可謂正在發揮最大核威懾力效用。2020年6月上旬，莫斯科發布了一份名為〈俄羅斯聯邦核威懾力的基本國家政策原則與方針〉的行政命令（Basic Principles of State Policy of the Russian Federation on Nuclear Deterrence），裡面明文細列了俄羅斯未來核武政策與立場，以及過往那些只能被外界揣測的、俄國將使用核武的各種「原則」和「情勢」。

筆者兩年前曾在聯合早報撰文，詳細分析如何解讀普京簽署的這份文件，如果用一句話概括，那就是邊緣政策（Brinkmanship）——Escalate-to-de-escalate——透過刻意「升級局勢」來達到「緩解局勢」之目的。

在核武政治的世界裡，核威懾力很大程度是建基於國家領袖於實行核武部署的準備與玉石俱焚的決意，也就是為求勝利，願意瘋狂的程度與兵行險著的決心。而言語和行為，正是增加或是降低一個核武擁有國核威懾力的可信程度。

2020年發表的那份文件所提供的詳細資訊，例如莫斯科將會使用核武的情況，以及控制核武決定的負責人等，加上各種法令的「嚴正聲明」，比方說法令第10條就揚言，

俄國在任何情況下，均有部署核武摧毀潛在對手，並對其造成無法彌補傷害的能力。

事實上，這區區幾頁文書經已重申並進一步鞏固了俄羅斯的核威懾力原則以及確實性。俄羅斯在半威嚇半提醒的整份文件中，最值得注意的是法令第4條——

一旦戰爭爆發，莫斯科將利用其核威懾力，以防止武裝衝突進一步升級，並在有利於莫斯科及其盟友的前提下結束戰爭。

放回今天俄烏戰爭的局勢，普京此時調動核武部署，讓其進入高度戒備狀態，此舉帶出的訊息相當明顯，那就是即便目前戰況未如理想，莫斯科取基輔一事卻仍是勢在必行，俄羅

斯將會不惜一切代價讓其取得最後的勝利，即使這意味著實行第一次核打擊。

換句話來說，在普京似乎不計成本的邊緣政策下，俄羅斯正以相互保證毀滅的原則威脅美國為首的北約同盟，如若後者企圖幫助烏克蘭抗俄，讓俄羅斯「國家自身存在陷入危機」，擁有使用核武的全部決定權的俄羅斯聯邦總統普京，隨時發射帶有核彈頭的彈導飛彈「攪炒」全世界。

2022年2月27日，普京下的賭注之大，不僅是第三次世界大戰，還是人類史上第一次核武戰爭的可能，實是令人瞠目。這當然是最壞的情況，但也正是這種作好最壞打算的瘋狂，讓現時俄羅斯的核武發揮最大的核威懾力效用。

不過在這裡必須重申的一點是，現實主義框架下的威懾理論（Deterrence Theory）存在的變數太多，例如其缺陷包括假定所有決策者均在理性的情況下執行決定等。可顯然易見的是，現時普京這種試圖以相互保證毀滅來脅迫他國就範，Escalate-to-de-escalate 的策略，隨時有擦槍走火至一發不可收拾的可能。

而面對俄羅斯企圖 Escalate-to-de-escalate 危險的邊緣政策，各國如今是採取綏靖政策，一天不打到北約成員國，一天就不動用第五條集體防禦，抑或，先下手為強？可牽一髮動全身，在莫斯科具有被潛射彈道飛彈確保的二次打擊能力，各國又是否有應對第三次世界大（核）戰的準備？人類（與地球）又是否能承受這樣的戰爭。

核冬天會來臨嗎？還是一切只是想太多的電影情節？當全球步入繼冷戰後最大的核武危機之時，誰又能獨善其身？

歐美經濟制裁克里姆林僅第一步
然直接軍事干預恐引發全歐戰事

作者／尹子軒

俄羅斯揮軍入侵烏克蘭，即便在屯兵多天，準備充足的情況下閃擊烏克蘭多個主要城市卻依然在烏克蘭民兵以及軍隊的頑抗下了無寸進；這邊廂戰火連天，地球另一端，國際秩序這條大船被俄羅斯侵略行為撼動的同時，那些潛藏在文明世界享受著自由空氣，卻特別崇拜強人的鼠輩們也理直氣壯地開始配合普京外宣——如果說 half-truths 如北約拋棄盟友（雖然烏克蘭從未是北約成員國），北約內歐盟和成員國們毫無作為，「烏克蘭成為二十一世紀的蘇台德地區」等等的說法尚值一駁，「北約東擴迫使普京進攻」，「烏克蘭總統澤連斯基納粹黨人」等赤裸裸的無稽謊言的流通，以及一些還在祈禱美國前總統特朗普凱旋回歸和普京媾和的幻想就不過展露了令人嘆息的愚蠢。

實際上，在美國，法國，和東歐國家的強烈要求底下，北約已經歷史上首次以集體防禦為理由調動以法軍和美軍為首的北約反應部隊（NATO Response Force）到東歐集結，而北約秘書長史多坦貝（Jens Stoltenberg）在記者會上亦確認了北約成員國會應基輔政府的要求運送包括防空軍備的一概武器資源，而目前27個北約及非北約國家均已經按烏克蘭要求贈予及運送軍備。歐美盟友在軍事上的支援伴隨著戰況不斷增加，然而，在烏克蘭官方並未要求出兵的當下，而北約作為一個防禦性組織，又有波斯尼亞和科索沃戰爭兩次未算得上成功的武力介入往績，同時考慮到擁核國（法美英）參戰對陣俄羅斯的巨大核風險，目前的軍備輸血當然不比直接干預有效——但也是未有更強烈理由下北約盡力而且內部（出人意料地）團結的體現。直接干預，代表的是歐美的戰略目標由「防衛烏克蘭」改變為「令普京政府倒臺」——而真正在拖慢歐洲各國進行這個動作的是兩個大因素：第一，存在和潛伏於歐洲金融體系多年的俄羅斯資產避險產業鏈和普京在歐洲多國的親俄友好們；第二，或者說更重要的是，巴爾幹地區的穩定——波斯尼亞，喬治亞和摩爾杜瓦等北約候選國以及前蘇聯衛星國都可以在普京的一念間成為下一個「烏克蘭」，更別提蠢蠢欲動多年，和俄國關係匪淺的波斯尼亞塞族人和鄰近的塞爾維亞。

能源以外：從「倫敦格勒」到塞浦路斯的俄國黑金鏈

雖然在巨大的輿論壓力下，最終包括德國等的歐盟國家終於落實了將普京本人以及外長等在歐洲的資產凍結以及將俄國主要銀行剔除出 SWIFT 體系，但是對於久有將資產和子女通過一系列海外信托，資產和避稅天堂公司等等避險的俄羅斯精英階級來說，制裁雖重然而未必馬上受到影響，而制裁本身亦未對經由這一個網絡所衍生的俄國政經鷹犬在歐盟以及英國起作用。

先談在24日 G7 峰會上極力推動將俄國剔除 SWIFT 體系的英國保守黨，莊漢生政府實際上22日所推出的制裁措施不痛不癢——五家小型銀行（其中僅 Promsvyazbank 為俄國央行認定為有系統性重要性的機構）和三位據報和普京關係密切的億萬富豪工業家們。同日，德國在歐盟其他國家以及英美輿論的壓力底下終止北溪二號計劃。雖然25日英國有凍結普京以及俄羅斯外長拉夫羅夫（Sergey Lavrov）財產的制裁，然而直到26日截稿為止，英國外相 Liz Struss 仍對倫敦政府向更多在英國有大量資產的寡頭作出更多制裁時，指「有部分倫敦律師樓」在阻撓。其實也不奇怪吧？英國以及其海外屬地向來是全球多國富豪洗錢之地，根據 NGO OpenDemocracy 的調查指，倫敦房地產市場中有超過150項，總值超過15億英鎊的物業可以直接連結到已知和俄國政府及貪腐案件有關的人士，24日更公布了僅2021年英國本土就有超過600家新成立的公司和俄國政府有直接聯係。

國際調查記者同盟（International Consortium of Investigative Journalists）去年10月3日公布了的潘多拉文件（Pandora Papers）就有記錄，英國不但有9名政要名列文件之內，連執政保守黨黨主席（Party Chairman, 黨內職務無關英國政府官職）Ben Elliot 亦榜上有名——他和現任太平洋外務卿及環境部長 Zac Goldsmith 之弟 Ben Goldsmith 共同在英屬處女島（British Virgin Islands）不但擁有一間公司，更曾利用該空殼公司持有一間英國製片公司申請公帑製作紀錄片。除他之外，更有多名具有明顯外國威權政商關係的捐贈者被文件所揭發和保守黨有千絲萬縷的關係，其中包括俄羅斯前副財長 Vladimir Chernukhin 的英籍妻子 Lubov Chernukhin，她被揭發自2012年捐贈了超過180萬英鎊予保守黨——潘多拉文件指出

Chernukhin夫婦擁有32間公司，3個信托機構以及超過一億英鎊的資產深藏在離岸財富中心。保守黨近年的政策，和這些大捐贈者的金元攻勢，有關聯嗎？而這些俄國商人和政要的錢從哪裡來，又到那裡去？

答案可以從最後兩個反對將俄國從SWIFT剔除的國家看到——塞浦路斯和匈牙利。前者是九〇年代前蘇聯解體以後俄國寡頭資金外逃的第一點，而後者，匈牙利的強人領導人奧班（Victor Orban）過去12年來對於他對普京和俄國的崇拜毫無掩飾。奧班和普京會面就增加俄國天然氣入口和核計劃合作的磋商，不過是今年1月底俄烏邊境劍拔弩張的事情。

雖然歐盟在法國，意大利和東歐諸國的領頭之下在歐盟內取得了對俄共識，跟上了美國的腳步，歐盟內部其他普遍崇拜普京的極右民粹政黨們也紛紛跳船，但是制裁本身並未有對於這些潛在的破壞者有很大的影響仍是事實，他們在政商界的影響力猶在，一旦烏克蘭戰況有放鬆的跡象便有死灰復燃的可能。

歐洲最大潛在安全危機：再度引爆巴爾幹戰火

在史多坦貝的記者會上，除了烏克蘭以外，他就特別提及到波斯尼亞（波斯尼亞和黑塞哥維那）喬治亞和摩爾杜瓦（Moldova）這三個在烏克蘭戰線後方的前蘇聯共和國將會被北約重點看顧——以防克里姆林宮滲透這幾個政局本就不穩的國家，挑起更多戰火——尤其是波黑這個巴爾幹地區火藥桶核心。在1992—95年，超過十萬居民罹難的血腥內戰過後，波斯尼亞在國際調停下達成戴頓和平協議（Dayton/Paris Peace Agreement），並根據協議中附件1-A和附件2，西方在波斯尼亞派遣維和部隊重建當地和平。然而，去年俄國就曾以「職位已經過時」為由反對聯合國向波斯尼亞派遣國際外交高級代表（International High Representative for Bosnia），更阻止現任代表，來自德國的舒密特（Christian Schimdt）向安理會提交一份有關於波斯尼亞境內塞爾維亞族人再次軍事動員重啟分離主義活動報告。

在1995年北約以超過6萬兵力平定當地局勢並根據和平協議派遣維和部隊（SFOR）九年之後，歐盟成立自己的軍事維和力量（EUFOR），以希臘療愈女神命名，代號奧忒雅行動(Operation ALTHEA) 接替北約維持當地秩序角色，但由於仍然屬於聯合國安理會的管轄，在俄國的堅持下這支部隊目前僅剩主要處理訓練波斯尼亞軍隊事務的約六百人。在克里姆林宮近年大力拉攏塞爾維亞（目前唯一一個未加入譴責俄羅斯的歐盟待選國），並大力在波斯尼亞支持塞族人的同時，波斯尼亞（正名為波斯尼亞和黑塞哥維那）在戴頓協議過後，由小心分割的塞爾維亞自治共和國（Republika Srpska）以及由克羅地亞裔和波斯尼亞裔穆斯林組成的聯邦（Federation of Bosnia and Herzegovina）共治的基礎正逐漸被削弱。

中俄在之前就曾經嘗試過聯合提案削去聯合國代表在波斯尼亞的權力，惟在安理會其餘13個會員棄權下未獲通過。克里姆林宮至今仍未承認去年8月方上任，頂替已經履行該職務十二年的奧地利人因斯高（Valentin Inzko）的舒密特。舒密特原本要為安理會提交的報告中將警告受到俄國大力支持的塞族分離主義開始蠢蠢欲動的跡象，比如說塞族領袖杜迪克（Milorad Dodik）日前警告將塞族人從波斯尼亞軍隊中抽離並建立純塞爾維亞軍隊一類出格行為。雖然在二十一世紀交替的初期，歐盟在2003年的塞薩洛尼基宣言（Thessaloniki Declaration，以在希臘塞薩洛尼基的峰會命名）中明確地表明將接納巴爾幹地區的多個前南斯拉夫成員國，包括波斯尼亞，馬其頓以及阿爾巴尼亞等等，然而不久後發生的歐債危機，難民危機以及近年歐盟整合的速度和幅度都令已有的成員國對於接納新成員卻步。一旦俄國在這一部分策動他的影響力去導致政局不穩——也就是發動「全面戰爭」的話——歐洲面對的除了前蘇聯鐵幕惡靈，更要直面九〇年代波巴爾幹地區混戰的陰魂。

目前的烏克蘭軍在整個自由世界的物資和輿論協助下士氣仍存，英雄總統澤連斯基據報仍和守軍在首都基輔死戰。然而，在距離引發核戰和如此地接近的當下，以經濟戰將俄國從內拖垮，迫使普京登上談判桌，全面投降仍然是可以咫尺可及的戰略目標，烏克蘭亦清楚這一點，加入北約和歐盟仍然是基輔政府的首要訴求。北約和歐美盟友方面展示出的團結和對於戰況延燒全方位的預備雖然勉強算是及格，然而，這場侵略，最終決定權仍在普京手中：他要發動俄國在歐盟背後脆弱地區的「炸彈」以及從前蘇聯遺留下來的核武？還是在烏克蘭戰事受阻，侵略行動被經濟制裁拖垮前向西方媾和，然後靜待失去了利益后的鷹犬們反噬他？

俄烏戰事引爆「金融核彈」，中亞國家唇亡齒寒

作者／孫超群

俄羅斯突向烏克蘭發動「特別軍事行動」，演變成一場全面侵略戰爭。「黑天鵝」地緣政治危機令不少原本認為不會爆發戰爭的觀察家們跌破眼鏡。除了生靈塗炭的槍林彈雨畫面，俄烏戰事亦衍生出一場無硝煙的經濟戰爭——全球多國對俄羅斯實施全方位制裁。

制裁措施的直接影響，就是令盧布災難性貶值（直至3月8日，盧布兌美元比開戰前貶值近60％），迫使克里姆林宮限制資金移轉出境，央行大幅加息至20厘，結果令國內企業融資成本大增，國內物價恐通膨加劇，對國內經貿及金融體系都構成沉重打擊。摩根大通（JPMorgan）早前預測，俄羅斯第二季度將面臨35％的經濟衰退。

以上經濟惡性循環，影響無遠弗屆，對作為前蘇聯加盟國的中亞國家的經濟傷害十分巨大，因為他們都與俄羅斯有深厚的經濟聯繫——包括貨幣穩定，外匯收入以及對外貿易三大範疇。

「攪炒」中亞國家：輸出貨幣貶值及災難性通膨

由於中亞國家與俄羅斯經濟交流十分密切，國際制裁對盧布造成的損害，正在輸出到這些國家，造成當地貨幣跟著貶值，從而引發急劇通膨。前車可鑑，在2014年克里米亞危機西方國家制裁俄羅斯時，中亞國家也面臨同樣的處境，但今次制裁更深更廣，相信影響會更加嚴重。

哈薩克由2月24日戰爭爆發至今，其貨幣堅戈兌美元貶值近15％至1美元對508堅戈，迫使哈薩克國家銀行作出行動，分別多次向市場注資近3億美元外匯儲備穩定貨幣，亦於2月24日把基準利率由10.25％加至13.5％，但也阻止不了跌勢。有鑒於此，哈薩克政府當局召開緊急儲議，商討應對俄羅斯受制裁對哈薩克金融體系的衝擊，包括遏制通膨、維持外匯市場穩定等等。

吉爾吉斯亦面臨同樣的狀況，此段時間其貨幣索姆（Som）兌美元同樣跌了接近15％。誠然，自武漢肺炎疫情以來，吉爾吉斯通膨居高不下，當局一直面臨升息的壓力，但俄烏戰爭成為了央行收緊貨幣政策的導火線。吉爾吉斯國家銀行於2月28日宣布由8.5厘升息至10厘，以應對「地緣政治風險」。早前吉爾吉斯總統扎帕羅夫亦在Twitter公開呼籲民眾購買像黃金這樣的保值資產。面對貨幣貶值，該國有議員提出限制流通俄羅斯盧布，甚至提倡大學以索姆而非美元繳交學費，作為紓緩民間影響的權宜之計。另一方面，國家銀行亦將今年通膨預測上調至12％，或可能會進一步調高。

塔吉克、烏茲別克及土庫曼也是另一批受波及的中亞國家，這3國貨幣面對的貶值壓力沒有以上兩國這麼巨大，特別是嚴厲管制國家貨幣匯率的土庫曼，暫時看不見局勢對其金融體系的負面影響。

依賴俄外匯收入的國家大受打擊

除了關注本地貨幣兌美元貶值所引發的金融及通膨危機之外，亦不能忽視盧布兌中亞國家貨幣大幅貶值對其經濟體的災難性影響。吉爾吉斯、塔吉克和烏茲別克在這方面的傷害最大。

根據俄羅斯政府的數據，2021年有超過780萬來自以上3國的外勞在俄羅斯工作，其中450萬來自烏茲別克、240萬來自塔吉克，以及92萬來自吉爾吉斯，外勞數目佔這些國家的成年勞動人口比例不算少。此外，這些國家外匯收入佔國民生產總值（GDP）很大比例，而且大部分都是來自俄羅斯。2020年，吉爾吉斯和塔吉克的外匯收入分別各佔GDP比例的31%及26.7%，而烏茲別克在這方面佔比則相對上較少，只佔12%左右，而三國的外匯收入來源超過一半來自俄羅斯。另外對塔吉克來說，根據塔吉克國家銀行轄下研究所在2019年進行的調查，顯示大約7成塔吉克家庭依賴外匯，只有其餘3成依賴親戚協助和自身收入。

當俄羅斯因受到嚴厲制裁而導致盧布貶值及國內經濟危機，兩大問題就出現了：第一，盧布貶值變相令中亞國家外匯收入大幅減少。由開戰至今，盧布兌吉爾吉斯索姆、塔吉克索莫尼（Somoni）以及烏茲別克索姆（Som）急劇貶值了兩至三成。《Eurasianet》早前訪問了在俄工作的塔吉克外勞 Hamza，他指出：扣除房租、食物、工作許可證等日常開支後，本來可寄回 14000 盧布（190 美元左右）回家鄉，但經歷最近盧布的急劇貶值，他能夠匯回家鄉的實際金額愈來愈少（直到3月 8日為止，14000 盧布只能兌換 107 美元左右）。由此可見，盧布大幅貶值對這些中亞國家的外匯收入大受影響。

第二，歐美對俄羅斯實施金融制裁，除了打擊國內經濟，更會對外資公司產生潛在的貿易限制，導致其供應中斷，並需承受巨大的政治壓力，這讓它們紛紛退出或暫停營運在俄羅斯的業務，包括 IKEA、H&M 以及四大會計師事務所等一眾跨國公司。面臨外資公司停運，未來短時間內，俄羅斯可能會出現勞動力市場崩潰。雖然中亞外勞在俄的工作性質多屬於本地人不願意從事的一些藍領工作（例如清潔工人、外送員、司機和建築工人），但若經濟日益惡劣的話，或將影響中亞外勞在當地的競爭，掀起一股失業潮，甚至輸出過剩勞動力回去本來經濟已深受其害的中亞國家，這方面值得留意。

「金融核彈」：制裁打亂貿易活動

俄烏戰事最令人擔憂的經濟影響，莫過於雙邊貿易，特別是與俄羅斯有深厚貿易關係的中亞國家。由開戰至今，歐盟及美國對俄羅斯實施嚴厲經濟制裁，多國跟隨之，針對貿易較大影響的內容包括：

限制使用外幣結算：美國對俄羅斯十大金融機構實施限制，把該國最大的俄羅斯聯邦儲蓄銀行（Sberbank）納入「外國金融機構代理帳戶或通匯帳戶制裁名單」（CAPTA List），不允許其在美國銀行開設代理帳戶，以限制該行以美元進行貿易結算；亦把第二大銀行 **VTB Bank** 納入更嚴苛的「特別指定國民和被封鎖人員名單」（SDN list），禁止全球金融機構及個人和該行有資金往來。另一方面，歐盟亦禁止向俄羅斯出售、供應、轉讓或出口歐元。

把俄銀行逐出 **SWIFT**：歐盟宣布把 7 間俄羅斯銀行踢出環球銀行金融電信協會（**SWIFT**）服務，包括 **VTB Bank** 及 **Bank Otkritie** 等等，從此沒法使用這個被廣泛使用的國際支付系統，阻止他們拓展海外業務，以及打擊俄羅斯進出口結算。然而，俄羅斯最大兩間銀行俄羅斯聯邦儲蓄銀行（Sberbank）和俄羅斯天然氣工業銀行（Gazprombank）暫時倖免。

商業及運輸限制：歐盟制裁針對俄羅斯能源業、金融業、能源和運輸部門，亦包括敏感技術出口禁令、禁止向俄航出口飛機和相關部件、限制簽證政策、管制出口和出口融資，以及禁止俄羅斯在歐盟金融市場進行交易。英美等國亦對俄羅斯作出類似的制裁。

俄羅斯現時是哈薩克、烏茲別克及塔吉克的最大貿易伙伴，同時也是吉爾吉斯首三大貿易伙伴，亦是前兩國的主要進口來源國，而以上每國與俄羅斯貿易都佔 GDP 的10% 以上。中亞地區除了土庫曼之外，俄羅斯與當地的經貿關係可謂十分深厚。以上制裁措施預期將嚴重阻礙俄羅斯與其他國家的貿易活動，特別是與俄羅斯有較多經貿聯繫的中亞國家。

對中亞國家的一連串衝擊

而以上制裁對中亞國家的具體影響包括：

第一，美元仍是國際貿易間常用的結算貨幣，但現時多間俄羅斯主要銀行（如未被踢出

SWIFT 的俄羅斯聯邦儲蓄銀行）被禁用美元結算，而歐元理論上亦被禁止使用，此情況將干擾與中亞國家的貿易活動。若轉用盧布結算的話，中亞國家將要承受貨幣繼續貶值的風險。

第二，該國主要銀行與 SWIFT 國際支付系統被切斷，將嚴重阻礙俄羅斯公司向中亞國家進出口商進行貿易結算的能力，或導致貿易放緩。就算較廣泛使用的俄羅斯聯邦儲蓄銀行尚未被踢出 SWIFT，亦要評估制裁升級的風險。的確，俄羅斯央行將使用本土版金融訊息傳輸系統（SPFS）取代 SWIFT，該系統至少有331間國內外銀行加入，包括自白羅斯、德國、哈薩克、吉爾吉斯和瑞士的23間外資銀行，但比起 SWIFT 連接全球過萬間銀行來說，依然微不足道。而將來他們會否轉用中國的人民幣跨境支付系統（CIPS）進行區內貿易結算，可行性有待考究。

雖然主要制裁措施存在一個月左右的緩衝期，意味著不會立即生效，但歐美制裁延伸出來的預期效果及對經濟的負面影響，已經慢慢浮現出來，而更明顯的經濟影響，將於4月至5月制裁生效後出現。

哈薩克工業及基建發展部3月2日發表聲明表示，由於歐盟對俄羅斯實施制裁，影響俄羅斯托運，令哈薩克出口商在通過俄羅斯新羅西斯克（Novorossiysk）及聖彼得堡港口運輸貨物時出現困難。歐洲多個主要港口據報因保險問題，拒收來自俄港口的哈薩克貨物，迫使該國尋求其他替代港口或路線出口貨品到歐洲。由於貨運需繞過俄羅斯，這情況將令哈薩克物流成本上漲，引發國內巨大的通膨壓力。有哈薩克本地餐廳稱，有些進口至歐洲的食材成本已上漲20至30%，要開始找其他鄰近國家的供應代替。若計地區而非國家的話，歐盟地區現是為哈薩克的主要出口目的地，因此該國進出口深受影響。

此外，制裁也讓哈薩克的主要經濟命脈——石油出口受到阻礙。較早前《路透社》訪問了哈薩克石油買家，原先他們購買經新羅西斯克港口運輸的哈薩克石油，但由於哈薩克石油與俄羅斯石油混合裝載，由港口運送出港，令買家難為船舶購買保險，因此買家紛紛對哈薩克石油望而卻步。

2021年，超過5300萬噸哈薩克石油（相當於該國石油出口的三分之二）通過裡海石油管線（Caspian Pipeline Consortium，CPC）運送到新羅西斯克港口及附近的CPC碼頭，海運到飽受戰火威脅的烏克蘭奧薩德（Odessa）港口，然後出口到歐洲及其他地區。CPC每日運輸120萬桶哈薩克石油，相當於1.2%石油全球供應量。哈薩克石油產業極依賴歐洲資本及市場。哈薩克三大油田卡沙干油田（Kashagan）、田吉茲油田（Tengiz）及卡拉恰甘納克油田（Karachaganak）主要由歐美外資油企經營，三大油田佔哈薩克石油產量約63%。根據產量分成協議條款，近80%哈薩克原油出口到歐洲市場。

俄烏戰爭除了推高國際能源格價之外，更有可能影響俄羅斯對外資源供應，吉爾吉斯在這方面深受其害，因為該國汽油及天然氣主要來自俄羅斯。根據國際貿易數據網站 The Observatory of Economic Complexity，吉爾吉斯約9成燃油進口至俄羅斯，而且享受俄羅斯的免燃油稅優惠。由於吉爾吉斯本身燃油儲備不多，只能生產少量且低質素的燃油，因此十分依賴俄羅斯進口。另外，若燃油供應不穩，將對吉爾吉斯政治構成危機。2010年吉爾吉斯前總統巴基耶夫（Kurmanbek Bakiyev）倒台最大原因之一，就是俄羅斯對吉爾吉斯加徵燃油稅，讓人民怨聲載道。為了應付潛在危機，國家反壟斷局建議供應商抑制油價大幅上漲，並作出措施避免燃油供應短缺。除了燃油之外，亦有吉爾吉斯本地分析指出，能源運輸和以美元計價進口的外國商品價格將會上漲，包括6成進口自俄羅斯及烏克蘭的藥品，引發國內通膨危機。更重要是，盧布急劇貶值將令該國出口到俄羅斯的商品失去競爭力。

至於對塔吉克這個金融體系依賴俄羅斯的小國來說，制裁對該國的負面衝擊同樣不容忽視。塔吉克大多數銀行與外國銀行沒有代理關係，需要用到俄羅斯銀行的服務，主要是俄羅斯聯邦儲蓄銀行。然而，現時這間銀行被美國限制使用美元結算，令塔吉克不僅與俄羅斯之間的貿易結算受阻，亦可能與其他國家在貿易上出現跨境轉帳阻礙。若要解決此迫在眉睫的危機，有分析建議塔吉克應盡快轉向與鄰近和外國銀行有代理關係的哈薩克和烏茲別克銀行合作，作為俄羅斯銀行的替代方案。

結語：脣亡齒寒，國際政治經濟環環相扣

執筆之際，俄羅斯對烏克蘭的戰事已經來到第十四日。無論最後戰果如何，是達成停戰協議抑或戰事繼續升級，俄羅斯侵略戰對國際政治經濟的影響，在不久的將來仍會繼續浮現：若是前者的話，歐美國家也不會撤銷對俄羅斯的經濟制裁，除非俄國內政治有意料之外的轉變；若是後者的話，可以預期歐美會對俄實施更多嚴厲制裁，將重創俄羅斯經濟實力。

以上兩個發展的結果，亦會把災難性的經濟危機輸出給與之有深厚經貿關係的國家，特別是中亞國家。脣寒齒亡，看俄烏戰事不應忽視其對鄰近地區的潛在影響，因為或會出現蝴

蝶效應，帶來其他地緣政治的危機。

俄烏戰爭的經濟代價：俄羅斯全面戰爭下的經濟危機

作者／盧銘彥

俄烏戰爭開打近一星期後雙方都有不少軍備損失，烏克蘭的抵抗意志頑強，不斷摧毀俄國軍備，據烏克蘭軍方稱，截至26日已摧毀29架戰鬥機、191架坦克及高達800多輛裝甲車，占有突襲時機然而卻完全不顯優勢的俄軍可謂損失慘重。普京狂人之姿般大舉入侵背後必然負起巨大的經濟壓力，烏克蘭情報文件盛傳普京對烏克蘭戰況拖延震怒，每日燃燒軍費數字達20億美元。

同時歐盟、美國甚至日本等等都跟隨著提出懲罰性經濟制裁，從能源交易及交易上實施一連串禁令，力度可謂是歷史性地強。然而俄羅斯經歷十四年吞併克里米亞後亦逐漸適應經濟制裁，甚或乎仍留有後手應對。西方的制裁案是否真的如預料有效？面對戰況的繼續拖延，俄羅斯本身已經轉為疲弱的經濟是否能應付戰況所帶來的危機？

內部經濟近年狀況：平緩增長應對過往制裁？

自從2014年吞併克里米亞後，俄羅斯一直受到國際社會一連串經濟相關制裁，例如凍結多個俄羅斯寡頭商家在英美等地的資產等等，亦有歐盟對軍備材料及石油工業材料的貿易禁令，對俄羅斯經濟有著重大影響。從GDP增長數字而言。俄羅斯受制裁後，GDP增幅由2013年的正1.755%，到2015年一度跌至負增長的負1.973%，經濟上可謂受到重大打擊。

而在俄羅斯受制裁後，直至2019年疫情衝擊前，其GDP增幅一直維持在每年1.5%至3%之內，高位來到2018年的正2.807%，雖然反應著俄羅斯在制裁令下經濟增長放緩，無法重回以往每年4%以上增長的數字，但長遠而言放緩增長波幅，亦可視為實質上達至經濟回穩，反映俄羅斯對於應對制裁尤其具有經驗對策。然而是次俄羅斯需要面對的制裁遠超14年，力度可謂是翻倍上升。不妨從近期最熱話的兩項經濟制裁：切斷俄羅斯銀行業與SWIFT的連結及能源經濟上的損失觀乎俄羅斯現時背負的危機及對策籌碼。

SWIFT禁令和央行制裁：俄羅斯如何部署？

先看SWIFT（環球銀行金融電信協會）的禁令，俄羅斯銀行業被終止連接貨幣國際貿易，固然直接衝擊盧布，其中又值得關注的的便是俄羅斯的外匯儲備，在上月28日，西方國家聯合宣布新一輪制裁將切斷俄羅斯數間銀行與SWIFT系統連接，同時不同國家亦凍結俄羅斯多間銀行資產。結果造成俄羅斯央行無法調動資金控制市場及穩定貨幣，盧布匯率一周內暴跌20%，俄羅斯中央銀行一度將關鍵利息由9%大幅上調至20%試圖緩和跌勢，國內爆發提款潮，在尋找加密貨幣等媒界進行走資的同時，原本藉由中方貨幣渠道轉換貨幣的念頭，亦因為中國銀行及中國工商銀行等開始限制俄羅斯貨品融資而告吹。

更致命的是，俄羅斯央行被制裁後，普京多年以來備而不用的大量國家儲備，除了實體黃金可能找打買家以外都被凍結，令央行極為難以控制盧布的價值，幾乎是束手就擒。

貴為全球性的貿易系統，銀行業被終止連結可謂在這場金融鬥爭上直接將俄羅斯囿於十分劣勢的困局，尤其先前透過與中國國內友好密切關係，盼能藉中國尋找出路的念頭亦因國際壓力而粉碎。儘管如此，有賴於數年來受制裁時的調整，俄羅斯得以在被切斷的狀況下狹縫求存，勉強維持著戰況拖延。

在最受影響的外匯儲蓄問題來看，有鑑於早年經驗，自14年起俄羅斯一直在提升外匯儲蓄的同時逐步改變其外匯儲蓄結構，據俄羅斯中央銀行數據，整體儲蓄目前為６３００億，同時逐步減少持有美元，改為持有更多黃金人民幣等貨幣，以至數字顯示上年度7月，俄羅斯外滙儲備黃金所佔的百分比（２１·７％）第一次超越美元（１６·４％），反映俄羅斯對於受貨幣系統制裁後所將產生的交易結算影響其實有一定準備。

另外，俄羅斯亦於近年積極建立其自己的貨幣交易系統，例如有俄羅斯聯邦銀行所建立的金融信息傳輸系統（SPFS），直至去年用戶數量達400，系統基本上參照SWIFT制度建立，同時亦設立新的NSPK電子支付系統。國際社會另一項擔心便是俄羅斯聯手中國，兩個世界上較強的經濟體另起爐灶基於SPFS等系統令起一新的國際貨幣交易系統與SWIFT競爭，屆時對國際金融市場將會是更大的衝擊。

然而實際上，先不論中國面對國際壓力，對俄羅斯一直未有明顯支持及協助，甚至乎已經有中國銀行暫停為俄羅斯進行融資，間接完全否定另建新國際系統的可能性。同時，出乎俄羅斯所預料的是歷史性規模的資產凍結，尤其是多國對央行的資產凍結。要知道俄羅斯央行依然有過半金融儲備儲存於G7國中，即目前俄羅斯等同失去過半資金的提款權，據國際金融協會指該數字高達3000億美元，對俄羅斯而言，雖然寡頭及政府早有所對應，遭殃的卻是人民，整體而言仍是毀滅性的經濟衝擊。

被剔出SWIFT系統固然令到俄羅斯需要承受核彈級的經濟損失，這點從俄羅斯盧布的動盪可以認證。俄羅斯自身的外匯調整及SPFS一手牌，意味著俄羅斯其實本來手握承受制裁後果的資本，甚至能源方面，失去SWIFT系統作結算渠道亦影響歐盟國購買天然氣的結算手續。然而現實層面上凍結資產及中國的態度意味俄羅斯的手牌幾乎報廢，俄羅斯在金融上的攻防戰可謂被逼至防守角落的最弱勢地位，勉強支撐軍事行動。

天然氣制裁：俄羅斯最強的雙面刃

SWIFT 影響的不但是外匯儲備的交易結算，同時亦影響歐洲國家與俄羅斯於能源上的事宜處理，甚或乎成為俄羅斯目前可說是最有效的經濟反制武器。先看制裁方面，在宣布入侵後，德國亦隨即宣布全面停止北溪 2 號天然氣管道（Nord Stream 2）一切計劃，北溪 2 號公司亦隨即宣布破產。

能讓制裁有意義的其中一點，固然是令俄羅斯在經濟上蒙受更大的潛在損失，逆向俄羅斯的策略部署。能源輸出收入一直在俄羅斯國內 GDP 佔一大佔比，按 Statista 報告指出，若然俄羅斯天然氣面臨禁運等西方國家制裁，其 GDP 將面臨 2.9% 的巨大損失，可見能源對俄羅斯經濟的重要性。若然俄羅斯在沒有其他替代管道的情況下貿然決定透過暫停烏克蘭天然氣供應影響局勢，等同同步停止對歐盟國家的天然氣供應，屆時其收入將受到毀滅性的打擊。

同時暫停供應亦未必能達到增加談判籌碼的效果，皆因美國一早透過拉攏日本，卡達等盟友提供額外天然氣供應至歐盟國，以防備俄羅斯停止天然氣供應，若然俄羅斯發難亦難令歐盟國因缺乏能源而妥協；歐盟能源部亦以有計劃將摩爾多瓦及烏克蘭加入電力供應網絡，確保烏克蘭能源穩定。

然而，俄對歐洲辦法能源出口量如此大，意味著能源始終對歐盟國的一大痛處。俄羅斯靠著其天然地理資源優勢，一直是歐盟國最大天然氣供應商，德法等大國進口天然氣中超過4成來自俄羅斯，更莫論芬蘭，拉脫維亞等國家，幾近完全依賴俄羅斯供應。同時俄羅斯亦預示到反制裁的經濟損失，早前便以轉移策略至東邊的中國，協議提高天然氣輸出量至2025前提供480億立方米，並以歐元結算，減少依賴美元及避免無法使用 SWIFT 作結算的局面。即使俄羅斯失去歐盟國大量的天然氣交易額，亦可由東方的中國止蝕，務求中和損失，天然氣於俄羅斯而言仍是對付歐盟的強力經濟工具。

隨著俄烏戰爭持續僵持，俄羅斯與西方國的制裁亦持續步入拉鋸戰，無論是 SWIFT 或是能源方便都能見得西方國的制裁的而且確是對俄羅斯具重大打擊，然而俄方手上仍然具有博弈的籌碼，最新一輪的經濟拉扯甚至牽涉到半導體等原物料供應鏈的博弈。在互有攻守的情況下，俄羅斯到底能否守著西方的經濟攻勢拖延至基輔淪陷？或是烏克蘭頑強抵抗至俄羅斯經濟無法支撐在先？經濟上的博弈恐怕將蔓延至更多方面。

烏克蘭血饅頭：中國印度能從「俄軍侵略」觀望甚麼好處？

作者／施穎諺

俄羅斯入侵至今來到了第八天，局勢依舊膠著，而談判亦一如預期地沒有取得任何進展。面對一場隨時引發第三次世界大戰的戰爭，國際社會也都迅速作出反應，先有歐盟和北約提供軍備援助以及支援難民，後有聯合國關於俄羅斯發動入侵的討論。除了國際組織間的討論外，不少國家都表態支持烏克蘭、甚至加入制裁俄羅斯的行列，就如日本、臺灣、新加坡、南韓等。

不過亞洲兩個大國——中國和印度——都保持了中立的立場，兩國分別在聯合國安全理事會及聯合國大會關於烏克蘭的議案中投了棄權票，兩國的外交大使也不約而同地表示，希望俄烏能夠以外交手段解決問題。可以說兩個國家中立的立場都出乎外界的預料，尤其是印度去年剛剛才加入了以美國為首的「四方安全對話」（後簡稱QUAD），至於中國則一直以來都和俄羅斯有著良好的關係。

究竟印度和中國為甚麼選擇「保持中立」，背後又有著甚麼盤算呢？

國際爭議上的雙面人？與美俄交好的印度

印度在聯合國安理會及大會中譴責俄羅斯的議案中都投了棄權票，印度常駐聯合國代表蒂魯穆蒂（TS Tirumurti）在聯合國發言期間，指出烏克蘭現時的情況正在演變成衝突危機，印度深切關注有關處境，並呼籲各方盡力縮減分歧避免局勢惡化，同時強調各方的正當安全利益亦應該充分考慮。

在此不難看到印度無意在此事上站邊，盡力保持中立的態度。理所當然，印度一直以來和俄羅斯交好是背後重要的原因。俄羅斯一直是印度軍備入口的主要來源，根據斯德哥爾摩國際和平研究所於２０１６年到２０２０年期間的研究，俄羅斯武器出口當中有23％輸出至印度，而這佔據了印度超過49％的武器進口，當中包括了俄羅斯米格-29戰機、Mi-8直升機、AK-630全自動海軍艦載六管30毫米口徑多管機砲等。去年年末，新德里甚至已經開始接收S-400地對空飛彈系統。

由此可見，印度對俄羅斯在軍備方面有著嚴重的依賴，無疑成為印度選擇保持中立的一個重要的因素。

其次，印度在處理國際爭議的手法上向來保持著雙面人的立場，即使加入了一眾民主國家組成的QUAD，亦沒有改變其手法。印度在過往的葉門、緬甸、北韓等事件當中都沒有選擇站邊，而僅是與爭議雙方保持一定的關係。

觀乎去年緬甸政變，印度的言詞其實和如今聯合國中的表態並無二致，而最主要的原因就是印度和緬甸有邊界接壤，非常擔心緬甸會如白俄羅斯般製造難民問題給印度。在近期QUAD外交部長會面後，美日澳三方都不約而同譴責北韓近幾個月來不斷發射導彈，令地區局勢緊張。然而作為唯一一個與北韓有正常外交關係的QUAD國家，印度面對北韓問題也選擇避而不答。

如今在烏克蘭議題上，印度和烏克蘭並沒有直接的利益關係，反而是和俄羅斯有著良好關係，雖然因為道德原因和國際規例下，印度並不能、也不會支持俄羅斯，但同樣地也不會站到俄羅斯的對面去，保持中立是一個相對「合理」的立場。

不得不提的是印度執政黨——右翼的印度人民黨——向來對美國都沒有好感，黨內的國會議員僅提到協助國民撤僑離開烏克蘭的事宜，惟有在黨內完全沒有盟友的夏希·塔魯爾（Shashi Tharoor）有提過俄烏之間的問題。相比起2003年美國對伊拉克發動軍事行動於黨內所引起的激烈爭論，更能突顯執政黨對此議題的關注程度顯然不高，更遑論對總理莫迪施壓，因此印度在此事上面更加偏向中立立場。

顯然無論是利益、外交上的處理手法、抑或執政黨的立場，都明確顯現了印度的冷漠態度，而即使是加入了QUAD，進一步與美國深化其關係，依舊無法改變這一態度。

諷刺的是，美國在上月發布的新版印太戰略中，才特別提到印度將會是其重點盟友，在對抗中國的擴張方面尤其重要。而當初QUAD之所以能夠團結美國、印度、日本和澳洲與西方組成聯盟，很大程度正是因為中國這一競爭對手的出現。

對印度而言，美國若要重返亞太、圍堵中國，就不得不因為其地緣因素以及強大的軍事能力而與印度繼續合作，因此印度即使要平衡俄羅斯的關係，而選擇一個中立的立場，卻仍會小心考慮會否失去美國及QUAD盟友的友誼。然而，QUAD中印度和其他盟友的價值觀差距正逐漸浮現，縱然不會影響大家結盟，但勢必影響日後的合作和部署。

表面中立實質親俄的中國：等待雙方兩敗俱傷

至於中國方面，雖然同樣在兩個議案中投了棄權票，但從外交部長王毅的回應當中就能看到兩者根本性的不同。王毅與俄羅斯外交部長拉夫羅夫通話時提到，中國一向尊重其他國家的主權，卻又認為烏克蘭事件是「複雜的歷史問題」，同時還譴責北約為主的西方國家等試圖擴張領土，才導致事情惡化。

中國外交部發言人華春瑩同樣在回答記者問題時，叱責記者使用西方用詞「入侵」去描述這次的事件，認為是完全不恰當和不公允。比起印度單純地表示希望雙方能夠避免局勢惡化云云，中國的用語明顯有偏向俄羅斯的意思，而且認可俄羅斯將責任推給西方世界的說法。這種說辭無疑希望於國際體系中保持一個中立的立場，同時向俄羅斯一方釋出善意，暗示中國對俄羅斯立場一直沒有改變。

這一種立場可以從中國國內社交媒體的情況，以及國內對俄羅斯產品入口中得到印證。從俄羅斯入侵之後，反戰及支持普京的聲音皆有在中國社交媒體上湧現，不過反戰一方的言論迅速遭到全面封殺，其中最著名的事件莫過於女主持金星於微博狠批普京後被刪文處理，其社交帳戶亦隨後被官方禁言；相反地，為俄羅斯叫好的聲音完全沒有被封禁。

另一方面，中國在俄羅斯被制裁後，隨即取消小麥的貿易限制，容許俄羅斯小麥全面進口，官方又宣布正與俄羅斯商討購買一億噸的燃煤，二月初習近平及普京更簽署了協議，透過擴建西伯利亞管道每年供應多100億平方米的天然氣。不過回顧去年十一月中俄的貿易，更不難發現擱置許久的西伯利亞2號天然氣管道也已經重新開始討論。西伯利亞2號將會讓俄羅斯能夠將原本運往歐洲的天然氣轉移出口至中國，避免受到西方制裁後無法透過天然氣獲利。

《紐約時報》近日報導中更提到中國對於俄羅斯準備發動入侵一事，其實早就知情，還要求俄方將發動戰爭的日期推延到北京冬奧之後，好讓此項國際盛事先在北京手中完美落幕。

這就回到一個問題，為何明眼人都知道中俄向來友好、但中國卻要在國際上保持一個中立的地位呢？原因很有可能與其國際體系上的表述和接下來強勁的西方制裁有關。

中國一直以來於外交立場、或者國際體系上都標示自己為「國際體系的倡議者」，經常表示自己希望以國際體系當中的工具去處理現時的紛爭。如今俄羅斯在宣戰上的理由明顯站不住腳，且理由不時改變，由當初指稱烏克蘭有軍事威脅、而要發動軍事行動解除威脅，到後來指澤倫斯基是納粹餘孽，要除之而後快，更遑論整場行動均不符合國際規範。

但是其實只要追溯回前20年，中國在國際體系上「保持中立」的立場其實早就有跡可循——俄羅斯於2008年及2014年出兵喬治亞和克里米亞的時候，中國同樣拒絕直接批評、但又暗中為俄羅斯辯護。

除此之外，當然不得不提到西方的制裁這一個現實層面的問題。歐盟、美國、甚至許多亞洲國家都因為俄羅斯的入侵而發動制裁，制裁的國家之多、速度之快、範圍之闊亦都是前所未見，更遑論西方搬出了所謂「金融核彈」的大殺器，禁止俄羅斯使用SWIFT系統，阻止俄羅斯與國際市場接觸。

若貿然支持俄羅斯，中國不免擔心同樣會成為被制裁的一員，而中國早已在全球化影響下與國際市場緊緊地融合在一起，即使自身已經建立了人民幣跨境支付系統（CIPS）取代SWIFT，依舊無法避開制裁的龐大打擊，仍然要付出相當大的代價。最近中國工商銀行及中國銀行出乎意料地，相繼限制投資者購買俄羅斯商品，或許也證明了這一個觀點，與其說是真心想要抵制俄羅斯，此舉倒更像是避免抵觸西方制裁的底線，而且可能是其保護自身投資者的舉動，而非完全外交上的考量。

當能源價格持續攀升：中印能期待甚麼好處？

站在一個「中立」的位置，唯一需要擔心的是維持一個與俄羅斯正常貿易關係會否受到影響，尤其是能源方面。但前提是雙方金融管道暢通。目前，由於俄國盧布的大幅貶值，幣值的浮動當然令交易更難進行，但是當盧布幣值終於跌停，或者俄國能動員到其他主要貨幣儲備（比如說中俄早前簽訂的天然氣合約正是由歐元而非美元結算）進行的話，中印現在的等待便有一定的價值。

俄羅斯對於中國在原油、天然氣和燃煤等能源方面的進口都佔有相當重要的地位，現時俄羅斯分別是中國第二大原油進口國，第三大天然氣進口國以及第一大燃煤進口國。

短期內，制裁若導致俄羅斯幾種能源無人問津，或許讓中國有利可乘，就如去年美國制裁伊拉克以及委內瑞拉導致其原油大跌，中國乘機大量入手這兩個國家的原油一樣，亦正好填補現時中國原油存備處於低位的問題，而上文提及日前傳出中國購買一億噸的燃煤，真正的原因很有可能就是趁低吸納以及填補過去幾個月能源嚴重短缺問題。

不過這些長遠的「守株待兔」盤算，前提是要盧布跌停、而且有穩定的金融管道來融資採購，否則誠如《路透社》的報導，中國考量從俄羅斯進口的煤炭的融資風險，相關採購也可能出現變數和轉向。

在天然氣方面，似乎都不會因此受到太大影響，尤其是二月初才有更多的交易達成，又就西伯利亞2號管道事宜再次討論。反而長遠而言，如果俄羅斯長期被禁止使用SWIFT以及受到大量制裁，作為中國頭三進口大國，占其進口15%至30%，則有可能會影響能源企業的資金問題，進一步導致供應出現問題。

因此從現實層面來說，中國都沒有誘因光明正大支持俄羅斯，而中立的處境或許才能鷸蚌相爭，漁翁得利。雖然俄羅斯已經因為種種制裁導致經濟大幅下滑，但同樣促進了中國一方發展其金融系統的進度，尤其是如上述提到，中國發展了CIPS網絡系統，而且已為許多國家執行人民幣跨境支付服務，完全能夠讓俄羅斯參與和使用，進一步擴張自身的網路。另一方面，更能讓俄羅斯進一步依賴中國的經濟及出口。可以說，站在中立位置的中國才是最有利的位置。

馬克龍居中策應調解烏克蘭危機
功過參半但整體戰略受國人支持

作者／蘇民皓

L'Europe, c'est moi"「我是歐洲」，就是馬克龍治下的法國政府在烏克蘭危機中的唯一政策邏輯，作為歐盟中具有強大軍事力量的主要成員國，馬克龍不但嘗試承擔起代表歐洲與俄羅斯、美國及中國等系統性夥伴談判及交涉的角色，更要肩負起穩定烏克蘭內部局勢、動員北約東部盟國的軍事合作及穩定黑海和波羅的海的基本防衛措施，對於歐盟其餘成員國而言，法國就是在歐盟現時仍然缺乏共同防衛力量的救生艇，而無獨有偶地，馬克龍政府在歐盟整合上的領導能力，得到了跨黨派的認同，即便是法國內部的極端右翼民粹主義政客，仍然難以否定法國在烏克蘭危機中成為歐盟防衛燈塔的必要性。誠如法國智庫 The French Institute For International And Strategic Affairs 高級研究員 Oliver De France 在 Carnegie Europe 的一篇訪問中提到，法國總統馬克龍是近年來最能繼承第五共和國（戴高樂政權）的外交政策哲學的法國元首，而在烏克蘭危機中，雖然馬克龍在與普京單方面斡旋及對北約的態度上受到歐洲盟友質疑，但是整體而言，歐洲在面對自1945年來最重大戰爭危機之際，法國對於歐洲共同防衛的實質承諾，奠定法國在未來歐盟整合的決定性地位。

法國政府在烏克蘭問題上的具體立場

對於馬克龍政府而言，法國的如意算盤一直都是在烏克蘭與俄羅斯的武裝衝突一觸即發之先，嘗試與俄羅斯爭取最大談判空間，再次舉行2019年9月的「諾曼第模式」會談，所謂「諾曼第模式」，即使指法國、德國、俄羅斯以及烏克蘭四國領袖共同磋商烏克蘭邊境與俄羅斯的局部戰爭態勢，例如在2014年4月開始的頓巴斯地區武裝衝突等。而法國在本次的俄羅斯入侵之先，亦在1月26日在巴黎舉行了線上的四方會談，盡力解決目前緊張局勢，而在會談結束之後，雖然各方暫時未有達成共識，但在會上亦口頭上承認明斯克協議的合法性，進一步推動停火協議等等。而在會談之外，馬克龍亦另外在1月28日致電普京，向俄羅斯提出緩解方案，儘管提案比普京當頭棒喝，但是馬克龍在最後一刻仍保留了與克里姆林宮的溝通管道，在一方面保持著歐盟居中策應的角色定位。

即便馬克龍積極與普京調解局勢，而在1月26日及2月10日的「諾曼第模式」會談破局後不但隨即推動3月重啟會談，並在2月7日親自前往克里姆林宮與普京會面探討進路，雖然會談苦無成果，外界亦形容馬克龍是被普京「冷面貼熱煎堆」式拒絕以和平談判解決問題，但是事實上世界必須明白，作為歐盟成員國之一，地緣政治考量與美國及英國等遠離歐洲大陸的國家相異，誠如法國政治家暨歐盟之父之一的舒曼（Robert Schuman）在創立舒曼宣言（Schuman Declaration）及提倡簽訂巴黎條約（Treaty of Paris）之際回答記者發言提到，當時的蘇聯亦是歐洲的一部分，鑑於建立歐洲同盟的工作刻不容緩，蘇聯作為歐洲大陸的一員亦應當容許申請加入歐洲煤鋼共同體 (European Coal and Steel Community)。此外，具奧地利及日本血統的歐洲統一運動（European Unification Movement）理論家——第一任泛歐國際聯盟主席卡拉吉亦在著作 *PanEuropa 1922 bis 1962* 中提到，歐洲必須認清二次世界大戰不單只是歐洲內部的戰爭，蘇聯的存在長遠將為歐洲帶來另一次的存亡危機，長遠如要確保歐洲大陸的地區安全穩定，將蘇聯納入泛歐聯盟或歐洲其他宏觀規劃乃是必然之策。儘管馬克龍未有妙想天開地嘗試拉攏蘇聯入歐，但是對於德國與法國而言，普京治下的俄羅斯亦不可避免是一個不能信賴但必須保持溝通的地區夥伴。故此，在此前的烏克蘭危機面前，馬克龍盡全力保持與普京的對話管道，即使在開戰後的兩天，馬克龍亦在嘗試聯絡普京與美國總統拜登嘗試促成會談。

歐洲國家在國際關係上經常被批評為「天真懦弱」的一員，意指在軍事或經濟回應上軟弱無力，並被體制綑綁，忽略事態發展進程。馬克龍治下的法國，與鄰國德國或意大利在烏克蘭危機上的取態截然不同，即使馬克龍鍥而不捨地與普京進行外交交涉，但是在軍事上的部署並沒被此阻礙。馬克龍的第一次形勢誤判在於12月上旬時美國情報機關指出俄羅斯極有可能在本年上旬對烏克蘭發動軍事入侵時，提醒歐盟各國必須避免自亂陣腳，防止墮入自證預言陷阱（Self-fulfilling Prophecy），由此可見，當時馬克龍的確低估了俄羅斯發動戰爭的可能性，但在此後，馬克龍在應對烏克蘭危機中的處理相對迅速，例如在2月24日普京正式開展在 Donetsk 及 Luhansk 地區的特別軍事行動之時，法國外長勒支里安（M. Jean Yves Le Drian）便在當日嚴詞回應俄羅斯的軍事入侵，當日法國已經決定配合歐盟對俄羅斯祭出新一包制裁包裹，其中包括針對俄羅斯國民的簽證申請及對俄羅斯的金融、交通業界的營運等，而在2月25日，馬克龍祭出新一輪援助措施，率先宣布會史無前例地向烏克蘭提供總值12億歐元的經濟援助包裹，其中包括運送軍事裝備到烏克蘭等，相比起２０２２暫時錄得的１２０萬歐元的人道援助資金，金額大幅上升。而最重要的是，馬克龍履新了法國對歐洲的防衛責任，不但派出國家憲兵干預組（GIGN）到烏克蘭首都基輔保護總統澤連斯基的安危，更馬上調派軍隊前往波羅的海及巴爾幹半島兩大防衛要塞——愛沙尼亞及羅馬尼亞，提高歐洲的邊境防衛意識，從而在瞬息萬變的局勢取得主導權。而在將俄羅斯銀行體系提出SWIFT系統的立場上，馬克龍在與澤連斯基在25日的通話中已經表明支持立場，相比德國、匈牙利及意大利的回應迅速。法國現時大概管有俄羅斯12％的外匯儲備，而且俄羅斯自２０１０年多次在比利時及盧森堡以歐元發債的過程中，法國亦屢次成為債權人，在２０２１年的發債中仍然佔有６％的份額，故此法國在此次制裁的堅定支持對攸關重要。

法國本土對於壯大防衛力量及推動歐盟整合的支持

在烏克蘭危機不斷升溫之際，法國內部其實面對著總統選舉的壓力，法國將在4月10日舉行第一輪總統選舉，根據《政客網》民調顯示，現任總統馬克龍領先極端右翼對手勒龐（Marine Le Pen）及澤穆爾（Éric Zemmour）近7–9%，但是由於勒龐與澤穆爾同屬極右陣營，馬克龍面對的主要競爭對手仍然未算明朗。現時勒龐與澤穆爾的主要矛盾在於一些類似泥漿摔角的非政策辯論內容，勒龐在本月初攻擊澤穆爾的支持者中不乏新納粹主義者，而勒龐強調國民聯盟（Rassemblement national）是一個溫和理性的極端右翼政黨，相比澤穆爾的陣營由傳統天主教主義者及新納粹主義者主導，國民聯盟是選民合適的選擇，並且標榜自身代表工人階級，擴大選民基礎。之所以勒龐會無端攻擊份屬同一陣營的對手，而非其他競爭者，主要原因是澤穆爾近來搶佔了不少勒龐的主要支持者群，不但勒龐的姪女瑪麗詠．馬赫夏 (Marion Maréchal) 倒戈支持澤穆爾，原屬國民聯盟的歐洲議會議員傑羅姆．里維埃 (Jérôme Rivière) 以及國民議會議員 Nicolas Meizonnet 均一同加入澤穆爾的競選團隊。由於現時勒龐及澤穆爾均未取得足夠 500 張的提名票數門檻，還差出接近 100 張的數量，他們必須在主要政策議題加強著墨，搶攻選民支持，而烏克蘭危機就是他們最好的政治操作武器。就在普京決定入侵烏克蘭當日，主要競爭對手包括左翼不屈法國（La France insoumise）的梅朗雄（Jean-Luc Mélenchon）及澤穆爾均對馬克龍的處理手段作出大力批判，其中梅朗雄的指出馬克龍被普京玩弄在股掌之中，外交手段缺乏實際內涵，而澤穆爾更大膽提出馬克龍的談判失敗在於馬克龍未取得普京信任，言下之意是指他本人更容易取得俄羅斯支持，配合其支持與俄羅斯結盟以取代北約合作的立場，反映澤穆爾的外交哲學。而國民聯盟的論調仍然停留於經濟層面，指出由於俄羅斯佔法國的農業出口14％，法國將要付上沈重代價。但是他們均忽略了一大重點，法國民眾其實是比想像中更支持馬克龍的外交舉措。

歐洲智庫European Council on Foreign Relations為以上觀點了提供不少洞見，首先，根據民調顯示，接近43％法國民眾認為自身國家應在烏克蘭受到俄國入侵時挺身而出，雖然他們比意大利更不相信北約及歐盟的防衛力量，但在支持法國肩負防衛責任這一方面，只有屬於歐盟邊境，面對巨大的俄羅斯威脅的波蘭更為支持有關選項。另外，雖然法國是歐盟區內少數認為烏克蘭危機對於國家在各方面（人口流動、能源及經濟）的威脅較為輕微的國家，但是人民卻意外比德國人民更為支持自身國家軍事支援烏克蘭的防衛力量，反而法國人最為反對的是經濟制裁的反效果，例如在有關制裁會傷及自身經濟等論調。反映出由於法國人對於北約及歐盟的不信任，反而引證了馬克龍在此次烏克蘭危機中採取主動策略，並且為歐洲各國及烏克蘭提供軍援的必要性。此外，法國人民是歐洲國家中最為支持歐盟的首要目標是要避免戰爭發生的民族，有近27％民眾支持有關發展方向，無獨有偶地，馬克龍一直提倡歐洲需要發展「策略自主」的政策哲學，就是法國人的民心所向。有見及此，馬克龍此次在協助緩和烏克蘭局勢的外交工作上毀譽參半，但是他在關鍵時刻果斷援助烏克蘭及盟國，並且秉持了自身及歐盟的國際地位，的確與法國人的所思所想不謀而合，根據世界報 (Le Monde) 民調指出，馬克龍的外交及國防政策得到57％民眾支持，反映出馬克龍對於歐洲共同防衛的發展方向，長遠會成為法國及歐盟的全球戰略不可或缺的一部分。

烏克蘭戰爭加速中國大陸「武統」臺灣的部署？

作者／林泉忠

烏克蘭戰爭今天進入第12天。上周筆者於本欄從國際地緣政治視角，審視了這場戰爭將如何牽動美國迄今主力推進、以遏制中國為首要目標的「印太戰略」（Indo-Pacific Strategy），並預測美國對該戰略的調整方向，包括在「四方安全對話機制」（QUAD）增加軍事合作的比重，也分析了沒有印度參與的「美日澳軍事聯盟」率先成型的可能性。本文則將焦點放在分析烏戰對中國大陸進一步推進「統一臺灣」戰略部署的影響。

早在烏克蘭戰爭爆發後，「今日烏克蘭，明日臺灣」的聯想及相關討論甚囂塵上，不啻限於海峽兩岸，也成為國際媒體關注焦點。誠然，如此聯想乃基於烏克蘭與臺灣兩者之間部分相似之處，包括北京堅持不排除「武統」、兩岸包括軍力在內力量對比的懸殊、美國態度的模糊性等層面。然而，戰爭會持續多久、最終結局究竟如何，仍未明朗，而這些也必將成為左右對台海安全全面評估不可或缺的重要因素。

儘管不確定因素比比皆是，然而有一點可以肯定的是，無論北京、台北、華府，乃至日本、澳洲、歐盟等，都已開始關注烏克蘭戰爭對臺灣海峽安全的影響，各國智庫智囊也紛紛著手相關的評估作業。毋庸置疑，這些分析的重點，十之八九都離不開烏戰是否加速北京「武統臺灣」的可能性。

烏戰增強北京「武統」信心

在臺海安全議題上，由於中國大陸是可能「武統」臺灣的一方，因此北京自己究竟如何評估烏克蘭戰爭對中國大陸統一臺灣的影響，顯然比其他國家或地區來得迫切與必要。筆者以為，相關影響主要呈現在三方面。

其一，促使北京重新審視及全面修訂對台「武統方略及作戰規劃」。烏克蘭戰爭對武力攻台的最大意義，在於提供了二十一世紀發動戰爭及進行實體作戰的具體案例，包括北京得以參考的「成功」經驗及汲取「失敗」教訓，其中也必定包括如何進行空襲，並發射彈道導彈以摧毀敵方軍事設施、機場，攻擊政府所在地、電視塔，也包括從何方登陸、如何補給、如何控制廣播、如何切斷網絡、如何維持攻台解放軍士氣、如何處理戰俘，以及如何在佔領區實行臨時軍事管治等。

誠然，無論是1979年之前的「武力解放臺灣」年代，還是之後「不放棄行使武力」的「和平統一」年代，中國大陸國防部及解放軍方面在各個時期，相信都早已制定攻台方略乃至具體作戰方案，並根據時間推移與內外環境的變遷修訂。此次烏克蘭戰爭的爆發，相信亦使北京獲得重新審視乃至制訂全新「武統方略及作戰規劃」的契機。

必須指出的是，無論戰事會以何形式告終，俄軍鮮活的攻烏新案例，自然有助增強解放軍對台實際作戰的信心，相信北京也會得出「對我有利，但需克服風險」的整體結論。不過值得強調的是，解放軍具有足夠能力在臺海戰爭中獲勝，顯然是大陸實行對台「武統」的「必要條件」，然而自1979年確立以「和統」為主軸之後，就再也並非「充分條件」了。

加速制訂「臺灣方案」與「總體方略」

其二，加速北京制訂台海戰後處置及統一後的治台方案。習近平先於2019年1月在《告臺灣同胞書》發表四十周年紀念會上首度提出「一國兩制臺灣方案」，以作為因應兩岸統一後所實施的對台管治基本框架；繼而於2021年11月召開的中共十九屆六中全會上，進一步提出更為全面的「新時代黨解決臺灣問題的總體方略」。倘若視「臺灣方案」為主要著眼於處理「統一後」的對台治理方式，那麼「總體方略」則應會包括「統一前」的推進規劃與較為具體的部署。

受到中南海提出「臺灣方案」與「總體方略」的影響，北京對台部門高層近年來出現了較多對「統一後」治理臺灣的描述，其中就包括中共中央台辦、國台辦副主任劉軍川於2021年10月29日所論及，統一後臺灣如何在經濟、民生、文化、對外關係等方面獲利，包括「臺灣的財政收入盡可用於改善民生」等觀點。

然而，「一國兩制臺灣方案」提出至今已逾三年，「解決臺灣問題的總體方略」也只聞樓梯響，被視為這些框架式論述中一個基本環節的「祖國統一法」，亦無迹象會在正召開的十三屆全國人大第五次會議中正式發布。就著對北京時間日程的觀察，這些涉及對台新政策方向的發布，或可能於今秋「二十大」之後才會一一出爐。

筆者以為，北京對台統一的整體規劃，會根據自己的步驟來進行，而不會過多受到烏克蘭戰爭影響。不過，由於俄羅斯在烏克蘭的實戰經驗，增強了中國大陸軍方在軍事上武統臺灣的信心，並促使其重新審視及修訂「武統方案」，相信也將加速北京從法律層面，就「臺灣方案」與「總體方略」進行相關的法案制訂與立法程序。

「兩岸統一路線圖」難度之所在

其實，北京過去四十多年來對「統一後」臺灣如何「納入國家體系」安排的言論時有所聞，包括對臺灣方面於1991年制定《國家統一綱領》前後，就「一國兩制」而提出「一國兩府」等觀點予以回應。然而，其後隨著李登輝推動「憲政改革」，臺灣迎來政治「民主化」與「本土化」的新時代，導致臺灣社會在政治發展方向乃至「國家認同」議題上，走上了出乎北京意料的「不歸路」。

其後臺灣還多次發生象徵民主政體轉型的政黨輪替，使北京原本設定以國民黨政權為談判對象的「一國兩制」構想，在臺灣社會的接受程度每況愈下，造成北京官方未能進一步發表就統一後以「一國兩制」為框架的和平統一方案，轉為退而求其次，以「九二共識」來穩住兩岸關係，並避免臺灣「愈走愈遠」。不過，其間仍有大陸學者亹亹不倦地進行較有系統的研究，其表表者為中國人民大學的王英津教授。王教授先於2009年在《臺灣研究集刊》第二期發表〈關於「一國兩制」臺灣模式的新構想〉，並於其後因應新情勢而作多次修改與完善。

然而，中國大陸的這些研究與議論，都集中在「統一後」的構想，而一直缺乏擘劃「統一前」兩岸如何達至統一的路線圖。就此，在習近平發表「一國兩制臺灣方案」之後，筆者根據北京的思維，並結合包括臺灣8次總統大選日程、以2049年為終極年份，發表了〈習近平「統一臺灣」路線圖〉（《明報月刊》2019年2、3月號），被視為第一部以「路線圖」為內容分析北京如何和平統一臺灣的系統性論述。

烏克蘭戰爭帶動北京「武統」機運，是否也因此催生官方版的「祖國統一臺灣路線圖」？「二十大」後拭目以待。

北京重視政權安全風險在普京之上

其三，烏戰強化北京對「武統」臺灣的風險評估。俄羅斯發動的侵烏戰爭，引發聯合國及國際社會普遍譴責與非難，使普京個人與俄羅斯的國家聲譽一落千丈。而發動戰爭不僅要付出龐大軍事開支及人員傷亡的代價，還要承受歐美西方陣營不惜與之徹底脫鈎的經濟制裁，以及因此導致國家經濟嚴重受挫的風險。

除此之外，儘管攻台可以有一千個理由，然而在缺乏臺灣人民普遍支持與背書的前提下，貿然發動「武統」，並因此造成生靈塗炭，恐怕只會在臺灣社會刻下揮之不去的傷痛記憶，並在兩岸社會之間留下永久的隔閡烙印。更為重要的是，筆者相信中共對政權安全風險的重視程度，遠在「狂人」普京政權之上，因此北京不會輕易受烏克蘭戰爭的刺激而加速軍事「攻台」部署，而只會更趨於「以武逼和」的策略，並伺機「提速」相關進程。

第四部分：此處／彼處：烏克蘭、香港、臺灣

PART 04

留守硝煙的基輔紀錄人性：港人記者 Kaoru 專訪

訪問、撰文／胡戩

「我半個鐘之後再打俾你，依家宵禁趕緊返安全屋。」臺北的五更凌晨，靜待連日大雨後的第一道白光，是烏克蘭的晚上10時，靜寂伴隨黑暗中的第一晚黑暗。一聲空襲警報，數聲爆炸連連，和成千上萬的尖叫，打響著俄羅斯對烏克蘭的入侵，引爆了為時十數年的計時炸彈。

和身處當地的香港記者 Kaoru 連上線，相隔六個時區的他剛趕及在宵禁後返回安全屋。安全屋只是戲稱，原來的屋主已倉惶出逃在路上，留下一個家予來紀錄的 Kaoru 暫住，讓深入基輔的 Kaoru 能有暫時的安身之所。

上周五（18日）到埗的 Kaoru 本來預期深入更危險的地方，指的是馬立波（Mariupol），翻開地圖是在烏克蘭的東南方，頓巴斯的主要戰場。曾聽聞 Kaoru 欲赴戰場的同行都力勸他打消念頭，解釋道當地形勢易入難出，隨時一去不回。誰知一轉念，戰場原來已經近在咫尺，馬立波的距離更遙遠，危險的距離更接近。

更遙遠的，還有出城前往基輔的路。平地一聲雷，半空數發響時，Kaoru 還身在基輔近郊。大量地鐵員工逃難，列車服務變得有限度，要他徒步幾十公里走向市區，但進入眼前並未有與戰場相應的形容詞。Kaoru 形容市面未有出現混亂，城內雖然店鋪已經大多關門或空無一人，不少銀行櫃員機被提空的相信亦為數不少，但民眾依然有序，提款時亦各有禮讓，「我夜晚去本來住個間旅館拎嘢，員工都走晒，啲人都係自己服務自己，所有人都喺大堂打地鋪，擔心空襲會打冧上面」，而深入全球最深的地鐵系統，會發現更多留宿基輔者在瓦遮頭下一家攜眷席地而睡，「但都唔會阻到人」。

（圖片由受訪者提供）

Kaoru 形容基輔民眾對戰事早已感到火燒眼眉，或多或少都有過最壞的心理準備，包括熟讀防空地圖，但即使數日前普京已有一番「先有俄羅斯，後有烏克蘭」演講，不少人仍以為是克里米亞的 deja vu（似曾相識），以為戰火會在盧甘斯克和頓內次克止步，未有預期會打到基輔。所以一個空襲警報響起，更多的市民已經駕車為生命奔波，出城的車龍綿延幾十甚至幾百公里，笑言「可能大部分基輔市民都喺條幹道上」，不過「偶爾會有啲民兵拎住槍行反方向，從佢裝束會知唔係軍人」。

形勢危急，烏克蘭出動預備軍之餘，昨日亦緊急修例，百姓毋須擁有槍牌亦可購槍，不少一家大小老幼紛紛購入，挺身保家衛國，「豬嘴（防毒面具）同避彈衣都賣斷市，話會今日返貨供人搶購」。被問到有否任何安全措施時，Kaoru 坦言自己亦有意購入一件護身，並指自己只購入過一把小刀傍身，以防穿越戰區時被障礙物纏繞，「不過把刀如果被俄軍搜到，應該都係打靶……」，滿是戰地記者的無奈。

「但呢啲唔係（和香港）好遙遠嘅事」，Kaoru 坦言選擇留下，私因可追溯至香港去年幾間大型媒體的倒下，「感覺到傳媒嘅責任落返去每一個公民記者身上，靠公民記者去同世界連繫」，加上自己在香港的抗爭期間，和當時東歐的支持建立過聯繫，令他更感到義不容辭。其實Kaoru並非沒機會離開，他說《德國之聲》的記者曾邀他同車逃亡，但當想到基輔已經出現記者不足，想到烏克蘭媒體和世界多不連接，想到烏克蘭和香港都是抗爭的共同體，於是就沒再想太多。Kaoru指不少大公司在一聲煙硝後紛紛撤離，坦言現時基輔內的外媒人數寥寥，剩下的更多是自由身記者，情況甚至比白羅斯去年的抗爭中嚴打外媒的情況更嚴峻，加上當地精通英文的民眾「少過百分之一」，令城內的消息更難準確地即時傳達到世界，假新聞滿天之下，留下才應是記者的選擇。

「尋日塞車都有個網絡工程師同我傾過，話基輔嘅網絡系統負荷都幾強，應該唔會咁易斷網」，所以短期內我們還能讀到Kaoru的第一身報導，為香港連接烏克蘭。「前線有前線嘅故，撤退有撤退嘅故，睇吓係本住咩心態，但今日先第一日」，故他計劃稍微再向戰場前線進發，指自己心理上最多能承受基輔以東20至30公里，之後或會伴隨撤退的人龍，沿路紀錄當地人民的每一刻，讓世界「代入佢哋嘅感情」。

但願那份感情，是勝利的喜悅。

Kaoru去年採訪白羅斯抗爭時，因簽證到期曾短暫過境烏克蘭，豈料事隔年半重遊舊地，世界已經變了樣。毫不憐惜自己對基輔的喜愛，Kaoru 慨嘆目睹戰事，思思愁緒亦泛在心頭，尤其這片土地的人民，曾讓在外飄蕩的一介港人有賓至如歸的溫暖，「烏克蘭人比白羅斯人更清楚香港，每件事都真係數得出嚟，又有『FREE HONG KONG Center』，真係有好大嘅連帶感。」

「啲人都無咩點變，依家都未見到基輔爛晒，基輔都仲係到」，開著視像通話的 Kaoru 將鏡頭拍向露台外，晚上10時的烏克蘭，宵禁的基輔，單向街道顯得更加冷清，四周靜寂顯得第一晚的黑暗更黯黑。

於是這唯一出路上，遠處街燈的光源，更加閃耀。

我的丈夫是烏克蘭人：從基輔逃亡的港人 Charlotte 專訪

訪問、撰文／謝傲霜

2022年3月13日，烏俄戰爭第18天，戰火從烏克蘭東部擴展至西部，俄軍以火箭襲擊距波蘭邊界僅12公里的亞沃利夫市軍事訓練場「國際維和與安全中心」，又空襲另一西部城市伊凡－法蘭科夫的機場。香港人Charlotte帶著2歲的女兒剛從烏克蘭出逃，輾轉來到瑞士，但其丈夫仍在烏克蘭西部擔任地區防衛工作，情況令人擔心。

輾轉逃亡，離別摧心

Charlotte說，他們一家早在開戰前10天，已開展了從基輔往烏克蘭西部逃亡的歷程，但由於離境的文件未辦妥，所以只能緩慢前進，每兩天往西開兩三小時車，穿越一個又一個的城市。「之前都有擔憂打仗，但沒想到真的會打，而且還打得這麼厲害，整個國家也戰火連天！」Charlotte說，他們一家毅然於戰前已扶老攜幼舉家離去，是因為見到俄羅斯在接壤烏克蘭的邊境大幅增兵，且運來諸多武器，美國又開始撤僑，所以不得不忍痛棄家園而去。

2022年2月24日，莫斯科時間清晨5時50分，克里姆林宮無預警釋出緊急直播，俄羅斯總統普京在全世界面前正式宣布向烏克蘭政府宣戰。當日烏克蘭時間下午2時，Charlotte一家包括年僅2歲多的女兒、丈夫、老爺、奶奶、夫兄及其女友，終於加入了波蘭邊境綿延不斷的離境車隊中，可是車隊前進速度極之緩慢，軍人逐一檢查離境人士的證件。晚上11時，烏克蘭總統澤倫斯基發布全國軍事動員令，命18至60歲男性公民禁止離境，為期90天。25日凌晨1時，Charlotte一家終於抵達邊境檢查區域，可軍人檢查他們的證件後，明言政府已下令禁止男士出境，他們一家在排了共11小時隊後，不得不折返烏克蘭，在靠近邊境的西部城市暫居旅舍。

Charlotte 一直相信烏克蘭西部會相對安全，她說：「始終靠近邊境會有其他國家的人，不論貧富，這些地理位置在政治上會比較敏感，俄羅斯若炸這裡，很可能會傷及其他國家的公民。」可就像誰也沒想過戰爭真的會發生一樣，當狂傲的統治者目空一切時，甚麼都做得出。

最初 Charlotte 一家仍在烏西滯留觀望，但見戰事愈演愈烈，就算有多渴望一家人能共同進退，無奈之下，婦孺也不得不先行離開。3月6日，Charlotte 帶著孩子，與奶奶及夫兄之女友越過羅馬尼亞邊境，而丈夫、夫兄和老爺就守留烏克蘭，為戰事出一分力。就像最通俗的劇本，Charlotte 的丈夫臨別只能跟她說句：「好好照顧女兒和你自己，我愛你。」可這不是電影，而是椎心刺骨、在現實世界上演的戰爭！

如此一別，生死難料，電話訪問期間一直語調堅強的 Charlotte，忍不住傳來強忍淚水的嘶啞之聲，但問及對政府、總統強制男性公民留下的命令有何看法時，她仍答道：「我們理解政府的決定，但對於個人而言當然會不開心。」理性上，不得不去做；情感上，實在痛苦難當。現在，Charlotte 僅能以互聯網與千里之外的丈夫保持通話。

烏克蘭人不屈的意志

俄羅斯與烏克蘭邊打邊傾，但至執筆當日俄羅斯開出的停火條件仍是欺人太甚，除了要烏克蘭放棄加入北約（NATO）保持中立、非軍事化、承認俄羅斯對克里米亞（Crimea）的主權，和做到普京口中的「去納粹化」外，還要賦予俄語為烏克蘭第二官方語言的地位，和承認「頓內茨克人民共和國」（Donetsk People's Republic, DPR）及「盧甘斯克人民共和國」（Luhansk People's Republic, LPR）的獨立。

當 Charlotte 仍與丈夫一起滯留烏西，在 YouTube 頻道《堅離地球》接受沈旭暉訪問時，她個人對戰事的判斷，就是烏克蘭人死也不降，「烏克蘭人一直以來的想法是追求民主，且本身憎恨俄羅斯，故一定會作戰到底，一定要令普京受到制裁，要趕俄羅斯人回俄羅斯，這是最多烏克蘭人抱持的想法，也是我家人的想法。」如此說來，戰況定必持續慘烈，寧為玉碎，不為瓦全。

雖然俄羅斯、烏克蘭和白羅斯三大分支民族，皆於東斯拉夫民族的共同文化母國基輔羅斯（882年—1240年）被蒙古人毀滅後而演化出來，但經過漫長的歷史洗刷，各地已建立出屬於他們自己的民族意識。Charlotte說，烏克蘭語和俄羅斯語是烏克蘭境內兩種通用語言，究竟哪一種比較多人使用，她不太清楚，但由於烏克蘭語是境內官方語言，所以從法律文件到她日常接觸的超市指示牌、餐廳餐牌等，均使用烏克蘭語，而她丈夫一家日常溝通說的則是俄語，但這也並不代表甚麼，「香港人與北京人也一樣是華人？一樣用中文？但香港人與北京人有沒有分歧？一定是有的。在不同環境生活，接受不同的教育長大，自然會成為不同的人。」

維基百科資料顯示，烏克蘭語源於古東斯拉夫語，與俄語同源，發展至今，與俄語的共同詞彙只餘約六成。從1804年至俄國革命之前，由於烏克蘭中部、東部和南部的大範圍地區被俄羅斯帝國統治，烏克蘭語受到打壓，被所有學校禁用，僅餘非俄國統治的西烏地區未被禁止。Charlotte說，在過去2年於烏克蘭的日常生活中，她個人沒見到俄羅斯人與烏克蘭人不和，在戰爭前她丈夫也有一些俄羅斯朋友，會交往交流，但打仗後就沒有了。Charlotte自己則因烏克蘭語和俄羅斯語兩者皆不懂，平日只能以英語與丈夫溝通，新聞信息也靠丈夫傳達，或在家中見奶奶看電視新聞時稍為轉告。

烏克蘭與香港，似曾相識

Charlotte於2020年初從香港抱著僅數月大的嬰兒，跟隨烏克蘭籍丈夫返回烏克蘭定居，原希望能安穩地在家親手照顧孩子，得老爺奶奶協助，不用假手於菲傭或印傭，她說：「香港生活成本高昂，要兩夫婦一起外出工作才能維持生計，孩子只能交工人湊，我實在不想這樣，所以早於懷孕時已打算待女兒滿6個月後就回烏克蘭生活，這樣就可以自己帶孩子了，只是剛好遇到香港的社會運動，我們便把原定計劃提早了少許實行。」

Charlotte丈夫在香港從事手機遊戲設計，而她自己則任職牙科相關工作，二人在港相識相戀5年後結婚，丈夫雖在港工作已滿7年，但因工作簽證問題無法獲得香港永久居民身份。2019年，滿街都是催淚彈的氣味，Charlotte說，在該年11月，女兒僅2個多月時，因尿道炎入院治療，出院後仍要回醫院覆診打針，當時市面交通經常停頓，為了醫治女兒，丈夫不得不推著嬰兒車從大角咀步行前往佐敦的伊利沙伯醫院，聞著催淚氣體橫越衝突劇烈的油尖旺一帶。儘管如此，Charlotte與丈夫並沒有責怪示威者，「我們沒有感到憤怒，雖然出入醫院等生活各方面有阻滯，那就嘗試找方法解決吧！要怪都是怪政府。」Charlotte說。

經歷過2019年香港的抗爭，豈料又遇上2022年烏俄戰爭，對比兩者，動盪不安與恐懼或有相似，但始終是截然不同的事，Charlotte解釋：「在香港的抗爭中會見有人支持政府，而反對政府的年輕人希望可以掌握自己的未來，但烏克蘭戰爭的情況明顯單向，沒有人會支持俄羅斯侵佔我們的國家，不會有這種令人民內鬥的政治取向。香港的抗爭參與者未至於會死，這跟戰爭的情況很不同。雖然抗爭時有人返不到家，有人沒得洗澡，有人沒東西吃，但當時香港的餐廳仍會營業，想吃飯仍有地方給飯你吃，但在烏克蘭的這次戰爭中，我們會見到乞丐，有人太老無法逃走，差異甚大。比較相似的是人與人之間的守望相助，抗爭期間香港人會互相幫助，例如未能走上前線的人會捐款，而在烏克蘭一樣，有東西吃的人會把食物分享給沒飯吃的人。」

Charlotte與丈夫一家人原居於基輔北面，開車約半小時能到達市中心，一如其他歐洲城市，基輔聳立不少典雅古舊的歐式建築，亦混和著蘇聯建築，大多建築物不高，商場也只有兩層，佔地卻廣闊。Charlotte形容基輔雖然作為首都，但相比西部大城利沃夫則顯破舊。「基輔出了名爛，路很爛，建築物也是，不論古舊與否也缺乏修葺，外牆常有剝落，走在路上隨時遇到石屎下墮之危。還有，電車駛在路軌上很嘈吵，巴士就算明明是新車，不知為何僅行駛了一兩個月後便很骯髒。相比起來，市中心像古城的利沃夫就維護得很好，走在市內就如看旅遊特輯般那樣美。」不過戰火無情，利沃夫同樣受俄軍轟炸，雖襲擊暫未直指市中心，但居民已連續多晚被空襲警報驚醒，而在戰火中心的基輔更不必多說，空襲該城市周圍火光熊熊，3月12日烏俄軍隊在基輔不到5公里郊外的伊爾平（Irpin）更發生激烈巷戰，炸彈將建築物打出一個個破敗的大洞，甚或徹底摧毀成碎片，但烏克蘭人的反抗意志是頑強的。Charlotte 透過 Telegram 頻道接收烏克蘭本地的新聞信息，她說：「烏克蘭人十分勇武，普通市民就算赤手空拳面對著拿槍的俄軍，也會照樣還擊不誤。影片中還見到一眾甚麼武器都沒有的平民圍著坦克車。」

在基輔生活：香港與烏克蘭的文化差異

在認識丈夫之前，Charlotte 對烏克蘭毫無概念，初相識之時，她上 Google 搜尋有關烏克蘭資訊，第一個吸引她眼球的描述是烏克蘭盛產美女！至於烏克蘭男性，Charlotte 說以她有限的認識，烏克蘭男士較香港男士執著於對正確的堅持，要求伴侶獨立並持續進步成長，她說：「他們的立場很清晰，你要做的事，就要去做，你應該為自己思考的地方，就要好好去想，但香港男性傾向多一事不如少一事，算數，可以一讚香港男士忍得、不斤斤計較，把女友捧在手心，寵著我們這些公主病的刁蠻港女，而烏克蘭男士則要求女性獨立，我可以養你、照顧你，但在婚姻和長久的愛情關係中，你需要有各方面的成長。」Charlotte說她奶奶就是一個很獨立，有想法和主見的烏克蘭女性。

獨立與從容，也可從日常生活文化中一窺堂奧。Charlotte說她發現烏克蘭其一與香港最不同的生活習慣，就是不會等齊人一起吃飯。「在香港，一家人吃飯，會盡量等齊人，且分工合作，有人盛飯，有人拿碗，可是在烏克蘭就算所有人都在家中，但卻要等很久才會埋位吃，又或不埋位，各自在不同時間吃，例如煮好碗麵，香港人會立即吃掉，生怕糊了不好吃，但烏克蘭人可以把麵放著3小時，午餐變晚餐，最後又覺得沒事那樣把冰冷糊掉的麵吃下肚。」Charlotte說這不是她家的個別情況，與其他身處烏克蘭的港人朋友們交流，同樣反映烏克蘭人可以把蒸好的魚放著一整天，直至晚上才拿來吃。

Charlotte說她在基輔的香港人朋友，來來去去就那幾個，可以說在基輔的香港人全都是朋友，當中有做生意的，也有像她嫁了來烏克蘭的家庭主婦。烏俄戰爭爆發，幸好所有她認識的朋友都安全離開了，但大家暫時都無法得知，自己一手建立的家園是否已化作破瓦頹垣。

另一讓 Charlotte 印象深刻的生活習慣，是「烏克蘭式記憶力排隊」，以到醫院看診為例，烏克蘭的醫院甚少護士，不會像香港仔細劃分登記、分流、拿藥等多個區域，「院內有一塊大壁報板，上面寫有甚麼科甚麼時間有哪位醫生當值，你便依此按自己需要前往某樓層某房間門外排隊，可是門外也沒有寫上號碼的椅子說明你排第幾，你要做的是打開醫生房門，望望有沒有人在看診，如有就在門外等，又或問問人，然後記著自己跟在哪個人後面。基本上他們無論排甚麼東西也是如此。」

在烏克蘭生活的日子，她看到人民普遍忍耐各種生活的困厄。Charlotte 說：「巴士價格由去年年頭的 8 塊錢（註：烏克蘭貨幣單位為格里夫納 UAH，兌美元與新台幣價格相約）加至 20 塊錢，以前香港遇到這情況一定反枱遊行（編按：奮起遊行），但烏克蘭人沒有，又例如過去兩年的疫情，烏克蘭的醫院同樣爆滿，他們只是默默忍受。對於限聚令，烏克蘭雖有抗議遊行，但規模也很細，反對聲音總會有，卻看不到很強烈。始終烏克蘭有民主制度，人民可以投票，不喜歡現屆政府可以把它拉下來，但香港則沒有。」

雖然大部分的烏克蘭人生活並不富裕，但大家總能在有限中享受生活。以水果為例，Charlotte 指出香港市面售賣的水果幾乎全部都是進口貨，因此無甚季節限制，但烏克蘭市售的水果則會依循季節變化，草莓只賣收成期那一兩個月，別的時間買不到。「進口的水果在這裡十分昂貴，大部分人都會買本地的，但由於烏克蘭的農作物十分豐盛，故無礙一年四季享用各種美味的水果。」

Charlotte說自己喜愛烏克蘭的生活，但究竟有多好？好在哪？她認為最終生活的地方其實不是很重要。「最重要是在那地方你與甚麼人在一起，每日做的是甚麼，所以判斷一個地方是否好地方，只在於你跟甚麼人相處，有怎樣的回憶。」Charlotte認為，戰爭的可怕在於無情地毀滅一切，無論是平民還是士兵，其實都是人命。唯一稍能安慰她的是，在戰亂流離中，仍能見到人間有情，人民之間守望相助，朋友之間互相幫忙，就像她們，現在就是寄居於瑞士朋友家中，暫獲棲身之處，但長遠而言，仍有包括收入等各方面的問題需要顧慮。現在，她唯一盼望戰事盡快結束，能早日一家團聚。Charlotte奉勸本書讀者道：「大家平日要好好和家人相處，天災、人禍、病痛要來時，分離就在一剎。」

戰爭素描出她的金色臉孔：在臺烏克蘭模特兒阿琳娜專訪

訪問、撰文／謝瑜真

「在戰爭中，你會看到的不是我們的背面，也不是我們的正面，而是我們的臉孔。」

——弗拉基米爾・澤連斯基

採訪那天我們解散之前最後的談話，是阿琳娜分享她手機裡的照片給我看，那是她3個月前回到烏克蘭的家時所拍的。她慈祥的父親、母親，穿著傳統服飾的可愛奶奶。還有她養的小羊，在草地上乖巧地讓她撫摸。

「你有養羊？」我看到照片時驚訝道，棕白相間的小羊感覺全身又絨又軟。「牠很乖，可以摸也可以抱。」我下意識說：「你一定很想念他們。」阿琳娜笑，但沒有說話。那股沉默無以名狀，倒也不是全然的哀傷，是難以說明的感情綜合體。

對於阿琳娜的第一印象，是非常具有層次的藍。在照片上難以觀測到，但在口罩上方，她的眼睛是飽和又深沉的藍色。大太陽下一頭金髮柔軟發光，跟烏克蘭的國旗一樣，是鮮明的藍與黃。我一看見她就想到這個關聯，但太害羞以致不敢告訴她。

在這個網路世代，我們已經可以透過手機知道許多事。在與她本人會面前，我先看了阿琳娜的 Instagram。從 Instagram 上，可以看到她的模特兒工作照片，與朋友出遊、家人相處的模樣，是個感覺溫暖又擁有自信的漂亮女孩。但盤踞在她的版面最上方的，是有關於烏克蘭的各種新聞資訊，以及她因戰爭而憂鬱徬徨的臉龐。今年才滿25歲的阿琳娜，年輕的臉孔

上｜留著一頭金髮的阿琳娜，有著一雙深邃的藍眼睛。

右｜阿琳娜與她在故鄉所飼養的小羊。

映照著戰爭的面貌。

阿琳娜來自烏克蘭第四大城市丹伯貝佐斯基（Dnipro），該地位於聶伯河畔，是聶伯州的文化與藝術中心，她的父母住在離市區較遠的鄉下。我們在交談中小心翼翼地問起家鄉目前的狀況還好嗎？她先是頓了一下，說之前她家所在的地區並沒有被攻打，但就在今天早上，就只是剛剛，她收到消息，俄軍今天要攻打她的城市。剛剛她手機一直亮起的通知，是家人告訴她準備要進到防空洞避難的訊息。

那天是戰爭開始的第15天。自這件事發生以來，數算變成一種沉重又有希望的事情。那些數字代表著烏克蘭人已經籠罩在恐怖中多少日子，也代表著烏克蘭人已經為自己的國家抵抗了多少天。

烏克蘭語非常難　臺灣新聞真厲害

同行的友人提到他最近在聽烏克蘭歌曲，現場放了一小段，口音醇厚，旋律溫柔。像是

上｜去年底回到烏克蘭的阿琳娜，佇立在從小到大生長的草地上。

一個引信，阿琳娜開始說起烏克蘭語的美妙，很多人以為烏克蘭講的是俄語，但其實烏克蘭人有自己的語言，烏語與法語、義語並列全世界最悅耳的語言前三名。除此之外，他們的語言結構也比俄語更加複雜，在學校中，他們要花上10年的時間學習語法。大概是因為學過了非常難的烏克蘭語，阿琳娜僅花了3年就能說一口流利的中文。

我們驚訝於阿琳娜的中文之好，於是問起她是怎麼來到臺灣、又是怎麼學習中文的。原來阿琳娜在烏克蘭的頂尖大學中就讀法律系，在烏克蘭是可以成為律師的。會與臺灣產生因緣，一開始是因為阿琳娜對中文很有興趣，也去過中國、香港等國家。她在烏克蘭自學中文五個月，後來她的泰國朋友告訴她，臺灣有學習中文很好的師資與環境，於是她在2019年來到臺灣，進入國立師範大學進修中文，從此就在臺灣長住下來。

「我很喜歡這個地方。」說這句話時，大概是阿琳娜當天第一次對我們燦笑。臺灣跟烏克蘭幾乎是兩個不同的世界，不同的文化、不同的語言，但卻讓阿琳娜深深著迷。「你們臺灣很厲害。」當我以為她要提起小籠包或珍珠奶茶時，阿琳娜說了一句我沒想過的話。「你們的新聞都是真的！」

在我還沒意會過來是甚麼意思時，阿琳娜解釋，她看了烏克蘭的新聞，歐洲的新聞，與臺灣報導的內容都是一樣的，是真實的新聞。那是我們所習以為常的事，但有些國家並不是這樣的。阿琳娜近日因戰爭的關係，在一些臺灣新聞中接受採訪；而一位住在中國的德國友人，幾個禮拜前捎來訊息說在電視上看到她。那位朋友原來是看臺灣新聞的：「因為我知道我要看臺灣的新聞才能找到我要的資訊。」那位朋友住在中國，雖然他相當關心烏克蘭戰事，但那裡關於烏俄戰爭的新聞少之又少，好像資訊都隔了一道牆一樣傳不進來，所以他只能從臺灣媒體中搜尋。

阿琳娜繼續以我們方才所提到的語言問題延伸，她提到在俄羅斯新聞中，常常會報導烏克蘭禁止在國內講俄語，但其實並沒有這回事。相反地，即使對方說著俄語，烏克蘭人還是會很樂意與他聊天。自戰爭以來，鋪天蓋地的假消息更多了。俄羅斯新聞不會播報在戰爭中有多少俄國士兵死去，根據外媒的統計與報導，俄羅斯士兵的死傷人數可能已達1萬人以上，但俄羅斯則稱我方沒有嚴重死傷。烏克蘭邊境有人目擊到俄軍開來了移動型焚化爐，那些陣亡的士兵們，死後並不由數字銘刻證實，如此沉重的生命化為煙塵，融合在異鄉的煙硝味中。

烏克蘭女性的美麗與抵抗

說到新聞，讓人很難不想起一則報導：在烏俄戰爭開始後，因為普遍有烏克蘭女性容貌姣好的印象，有些男性在網路上對烏克蘭女性留有不妥言論。例如：「歡迎烏克蘭美女逃到我國」、「要打仗可以，但可以留烏克蘭女生活口嗎？」，甚至有人成立臉書社團「烏克蘭妹緊急收容中心」，將戰爭的苦難施以物化女性的眼光。我們問起阿琳娜，有沒有注意到這些新聞，她馬上表示有。

「你是說有人說，烏俄戰爭打得好，這樣烏克蘭男生死光以後，我們就可以娶烏克蘭女生了這樣的話嗎？」阿琳娜雖然冷靜，但難掩氣憤。「我討厭這樣的說法。就算沒有烏克蘭男生，你們也娶不到烏克蘭女生啊。這是我們國家發生的事，他們在說的是我們國家的人，為甚麼要說這種讓人不舒服的話？」

在戰爭開始後，烏克蘭男性紛紛走上戰場。阿琳娜說，他叔叔要去登記從軍時，在登記處看見男士們排到超乎想像長的隊伍。不只男性，也有許多女性選擇戰鬥支持國家。根據統計，現今烏克蘭軍隊中有5萬名女性士兵，佔全體的15%，與其他國家相較之下比例相當高。許多烏克蘭女性上戰場的照片流傳於網路上，有些加上「美女士兵」的標題。即使人們大多認為那是眼睛所見的美麗，但那種美不止於表象的美。

阿琳娜說，其實在烏克蘭的學校教育中，女學生並不會特別接受軍事作戰上的教育。但他們認為，男女平權並不是女性一定要真正拿起槍來打仗，女性可以做她們能做得到的事，同樣是在為國家出一份力。現在她所知曉的人中，幾乎年輕男人都去打仗了，而女人有人幫忙準備伙食，有人協助物資運送，甚至連她家當地的無家者，都幫忙撿拾玻璃瓶幫忙製作汽油彈。儘管每個人都很害怕，但還是留守家鄉。焦點並不在於性別，而是在於你的身份做得到哪些事，而你真的付出了所有。

她的話讓我想到紀錄片《Winter on fire》中，軍人包圍抗議民眾時，外圍由男性組成人牆抵抗推擠，而女性在圈內，高聲唱著烏克蘭國歌〈烏克蘭尚在人間〉的畫面。我突然想起阿琳娜剛剛所說的沒錯，烏克蘭語的確非常美妙。

處處不安的世界

阿琳娜想一直住在臺灣，但也難以避免地想到，如果之後臺灣也變得不安全該怎麼辦？自2014年開始，烏克蘭、臺灣、香港接連地發生民眾群起反抗政府的活動。像是一個年代的河流一樣，即使遠在聶伯洲念大學，烏克蘭危機時，17歲青澀的阿琳娜也身陷在對運動的關懷中。時間推走，同年3月的臺灣、同年9月的香港，以及2019年的香港，看似遙遠卻有著難以避免的關聯，也進入了這條洪流。這是一段被日期包圍的時間，2月24日俄羅斯入侵烏克蘭，二二八剛過，而我們採訪那天是3月11日。

2021年，全球籠罩在疫情的陰影中，在這樣的情況下，阿琳娜依然克服了障礙，在去年底回到烏克蘭的家中，與家人度過一段溫馨的時間。那時是戰爭開始前3個月，其實家鄉已經瀰漫著一股不祥的氣氛。當時，普京已經向烏克蘭施壓，許多人心裡多數有個底，但是他們並不想相信。畢竟，誰會想相信呢？相信在二十一世紀的現在，有人要攻打自己的國家。

只要明白這兩個國家的情況，就會發現臺灣與烏克蘭有著類似的經驗。我們苦笑地談起

右上｜ 阿琳娜與她的父親。
左上｜ 阿琳娜烏克蘭的家中，臺灣國旗與烏克蘭國旗並存著。
下　｜ 阿琳娜的奶奶（左）與她的好朋友們。

俄羅斯之於烏克蘭、中國之於臺灣的相似度。包含常常在國外被錯認為另一國的人，以及隔壁鄰居經常讓人感到壓力的部分。「我想，應該讓大家知道臺灣是個獨立的國家。」這是阿琳娜給我的最後結論。

澤連斯基與烏克蘭人的作戰

在二十一世紀的現在，許多人難以想像戰爭殘酷的樣貌，尤其是在未經歷過戰爭的年輕一代身上。但在這個資訊發達的時代，戰爭所進行的方式也已經與以往不同。

與先前所提的一樣，資訊的傳播變成一種戰術。也許也是因為這樣，身為演員的總統澤倫斯基相當具有優勢。問到烏克蘭人普遍對澤倫斯基的看法，她馬上說：「我們都很喜歡他。」一開始，也有人懷疑過沒有任何政治資歷的澤倫斯基會不會不適任總統，但相對於先前的總統，澤倫斯基實在非常親民，把自己當成人民的一份子。「他跟我們是一樣的，他不會把自己當成甚麼厲害的人。我想很多烏克蘭人會留下來打仗，也是因為他留下來了。」阿琳娜說。

阿琳娜告訴我們一件事：在烏克蘭的一間學校中，大廳掛著一排歷代烏克蘭總統的照片。有次澤倫斯基到訪那間學校，看見那排莊嚴的總統肖像，包含自己的照片也在其中，便說：「把這些照片拿下來吧，這裡是學校，應該要掛孩子們的照片。」

即使沒有了那些照片，現在，澤倫斯基的模樣也頻繁出現在電視上了。他穿著西裝、軍服或留著鬍渣。這下，全世界的人都記得他的臉孔了。

我跟阿琳娜說，如果發生了同樣的事，不一定每個國家的人都會像烏克蘭人一樣勇敢。她說她也從沒想過。

她說與臺灣人不同，烏克蘭人其實是脾氣很不好的族群，一個小衝突，就經常在路上就會與他人吵架。她以為戰爭一開始，大家就會紛紛逃難，讓烏克蘭變成一塊空虛的陸地，但許多人都留下來了，沒有甚麼比此刻的他們更團結。我問她，你覺得是甚麼促使了他們這麼做？事後回想，這彷彿是個蠢問題，但阿琳娜當時毫無疑念，直直地看著我，堅定地說：「因為我們是烏克蘭人，我們不想變成其他國家的人，我們愛我們自己的國家，我們要自由。」我又想起烏克蘭國歌，不懂烏克蘭語的我，依然記得那句歌詞：「我們將會獻出我們的靈魂與肉體，為了得到自由……」

在我們的談話中，我逐漸發現，原本在媒體上我們所感受到的那些述說烏克蘭如何的訊息，有時都過於想像。他們不是特別政治正確，也不是特別強調女權，他們所懷有的是更加純粹的事物。那份情感對於他們，凌駕在性別、階級、職業之上。

那些動人的支持力量

阿琳娜現在每天所做的，除了每天聯繫當地的親朋好友、大量關注烏克蘭新聞，也幫助訂票給需要到外國避難的烏克蘭人，如她所說的，每個人都在做自己做得到的所有事。「其實這幾天我的心情一直都很不好，但還是必須要幫忙。」她一邊說一邊垂下眼簾。

在3月6日，俄羅斯入侵烏克蘭的第12天，各國人士與臺灣民眾一起聚集在中正紀念堂的自由廣場，為烏克蘭發聲，反對俄羅斯的侵略。標語上寫著：「我們都是烏克蘭人！」雖然當天冷風不停，但仍然有數百人一起來到現場，身為烏克蘭人的阿琳娜也是其中一人。

「不只是烏克蘭人，那裡有俄羅斯人、臺灣人，還有各個國家的人。我看到其中一個臺灣小朋友拿著烏克蘭的國旗，我真的很感動，拍下照片傳給我爸爸看，我爸爸跟我說：『阿琳娜，我要哭了……』。」

在這個廣場上，過去曾有許多運動遊行發生，人們在此索請自由與權利。在烏克蘭的哈爾科夫，也有一個地方名叫自由廣場。以前臺灣的自由廣場掛著「大中至正」的字樣，而烏克蘭的自由廣場以前名叫「捷爾任斯基廣場」，以蘇俄的祕密警察為名，在蘇聯解體、烏克蘭獨立後改名。集會的五天前，那個地方被俄羅斯的飛彈擊中，是戰爭以來最猛烈的砲擊。

在2019年，有人說著我們都可能像香港人那樣。在1947年，還沒有人以為大家都可能像臺灣人那樣。我不禁思考，這個世界是不是只能運作在這樣的循環裡面？如果是這樣，那我們是不是可以像其他國家那樣，在浴血之後得到該有的自由？

這時，阿琳娜拿起手機跟我說，剛剛中國的飛機又在臺灣上空附近盤旋。

與阿琳娜剛來臺灣的那股異境感一樣，此刻，戰爭中的烏克蘭與沒有戰爭的臺灣，又是兩個不同的世界，卻也在同一個世界中。

我不由自主地提起我的一名香港朋友。她2019年時在臺灣讀大學，而家人在香港參加抗爭。當她的家人走上混亂的街頭，她的大學朋友在吵雜的餐廳中談笑。她所身處之地的和平瞬間像是一種瘋狂，讓她在兩個世界裡分裂。

阿琳娜說，她很理解這樣的心情。但在這個時候，她只能做她做得到的事。在這個時候，世界上發生著各式各樣的事，有俄羅斯人為烏克蘭舉牌遊行，有烏克蘭無家者捐獻他僅有的財產給國家軍隊，有香港人為烏克蘭打仗，有臺灣人發起捐款。無論如何，世界起動了幫助烏克蘭的引擎，我們此刻正活在這樣的運作裡。

戰爭中美麗的臉孔

據阿琳娜所說，烏克蘭是個冬天很冷，夏天很熱的地方。冬季時可以到達零下10度，但夏天會熱到35度左右。現在，春天即將要來臨了。在訪談的最後，我不斷說著希望之後一切都會變好。阿琳娜跟我說一定會的。阿琳娜的金髮與藍眼睛，是麥穗與天空的顏色，與烏克蘭的國旗一樣。據說烏克蘭國旗的設計真的是這樣來的，澄澈的藍天下搖曳著金色穗海，是如天堂般的景色。

在最後，阿琳娜分享著她手機裡的照片給我看。她的父親、母親，穿著傳統服飾的奶奶與奶奶的閨密，她爸爸製作的陶瓶，她所養的小羊，以及她從小玩耍的那片草原。其中一張照片，是阿琳娜站在家前的草原中央，地平線將天空與地面分為兩等份，向晚的陽光染金了廣闊的草地，天空雖然微暗，但依然有著霧般的藍色。看見那張照片時，又讓我想到烏克蘭的國旗，這次我鼓起勇氣告訴了阿琳娜。「是的，就是這樣。雖然這張照片天空沒那麼美，沒那麼藍，但真的就是這樣……」

真的就是這樣。烏克蘭非常美麗。

那天之後，我繼續在螢幕上看見阿琳娜在新聞中出現。本來是模特兒的她，很習慣於站在鏡頭之前，只是現在是為烏克蘭聲援。雖然這樣說不知是好是壞，但我覺得畫面中的阿琳娜依然很漂亮。澤倫斯基在戰爭剛發動時發表的演說中說的是真的，在戰爭中你會看見的是人們的臉。他們的五官，他們的眉眼，已經永恆地刻印在時間之中。

俄烏戰爭打響，來自臺灣的回應：臺灣人權促進會秘書長施逸翔專訪

訪問、撰文／曾慶飛

2022年2月24日俄羅斯總統普京以去納粹化之名全面入侵烏克蘭，戰爭的消息震驚了全世界，譴責俄羅斯的聲浪排山倒海，身處臺灣的烏克蘭人在2月25日起每天到莫斯科駐台北代表處抗議。3月6日，臺灣自由廣場舉行聲援烏克蘭的集會，各國民眾聚集：現場有在臺烏克蘭人攜同兒女表達反戰訴求，即使在臺的俄羅斯人也參與在內，民進黨立委王定宇和

國民黨青年團總團長劉奕宏亦有致詞。自由廣場旗幟飄揚，臺灣各界別的團體現身聲援，雖然臺灣離烏克蘭有八千公里，但來自臺灣各界的支持卻是多不勝數，這次訪問到臺灣人權促進會秘書長施逸翔，來談談這次戰爭中臺灣各界的支援，以及作為人權工作者的想法。

在臺灣各種人權議題上，無論是近期疫情臺灣移工權益，或是轟動臺灣的李明哲案。[1]臺灣人權促進會都扮演了重要的角色。這個從1984年戒嚴時期成立的組織，目前的工作包括有個案協助以及法案研究與倡議方方面面。而這次烏克蘭戰爭中，台權會亦作為協助的角色，幫助在臺烏克蘭人進行活動籌備和組織等等。訪問對象施逸翔為東吳大學哲學系碩士畢業，也曾參與人權學程的相關工作，他在就讀研究所的時候便在臺權會擔任志工，多年來參與社會運動和倡議行動，從當年的志工到現在秘書長，他已經服務了超過十年的時間。

臺灣各界的支持，民主國家的責任

施逸翔談吐客氣斯文，難以想像他是在集會現場帶頭喊口號的組織者，提到烏克蘭戰爭，施逸翔說：「當時台權會與多個組織在2月25日便迅速發起連署，譴責俄羅斯武力侵略烏克蘭嚴重違反國際社會之規範，並呼籲臺灣政府應盡快立法通過難民法與建立難民庇護機制，在短短的幾天便收到了166個臺灣民間團體和3700位人民的支持。」不久2月28日在臺的烏克蘭新創業者 **Alex Khomenko** 和前駐美代表處政治組長趙怡翔便發布「支持烏克蘭.tw」募款平台，網絡平台整理了捐助給烏克蘭不同單位的渠道。各類的連署和線上組織凝聚了行動的動能，促使第一場的行動發生在3月6日的台北自由廣場，施逸翔提到現場除了有近百名的在臺烏克蘭人以外，亦有來自香港、西藏、泰國的朋友在場聲援，很有奶茶聯盟的氣勢。在3月3日烏克蘭南部歐洲最大的扎波羅熱核電廠（Zaporozhye）遭砲擊而發生火災，臺灣最重要的反核聯盟：全國廢核行動平台在在3月5日也發起另一波連署。

這次聲援行動能夠迅速組織，除了在臺烏克蘭人的內部凝聚力以外，也因為臺灣的民間組織提供了實質的協助，施逸翔提到：「在臺灣的烏克蘭人本來便有深厚的連繫，而臺灣民間組織只是向在臺烏克蘭人分享舉辦活動的經驗以及行政程序，在臺灣的聲援行動中，烏克蘭人始終是行動的主體。」

談到這裡，施逸翔憶起了當時臺灣戒嚴時期國外組織的協助，七十年代經濟起飛的臺灣，威權政治統治的影響依然無遠弗屆，在38年的戒嚴期間，根據官方保守的估計，受迫害的受難者便超過14萬人。[2]日本的民眾因為同情受壓迫的臺灣人，1977年在東京成立了日本臺灣政治犯救援會，在1979年美麗島事件發生後，日本臺灣政治犯救援會便在東京發起聲援行動，當中更有成員前往臺灣把所募款項交給政治犯的家屬。國際的支援間接促使了臺灣民主化的結果，民主化的結果得來不易，現在臺灣作為民主國家，施逸翔說：「臺灣作為民主國家不能獨善其身，須擔當起民主國家的本份，支持保衛人權的普世價值。」

對於烏克蘭戰爭的回應，臺灣政府並沒有讓人失望，外交部、內政部和教育部等等的機關快速實施或擬定了相關措施，例如：總統蔡英文2月25日宣布加入國際行列，對俄羅斯施加經濟制裁，停止向俄羅斯出口半導體產品。臺灣政府的態度除了表現在經濟層面以外，也延伸至與俄羅斯的學術交流。中研院目前與俄羅斯的學術合作分別有一份地球科學研究的MOU（合作備忘錄），和其餘6份計劃，中研院院長廖俊智在3月9日表示地球科學研究的MOU將會在6月停止合作，同時中研院將會接納共10名烏克蘭學者與學生。至於無法返國而導致簽證過期的在臺烏克蘭人，內政部長徐國勇表示允許簽證的延長，外交部更放寬臺灣國人的烏克蘭親眷入境條件。烏克蘭戰爭也令立法院朝野黨團出現眾口一辭的情形，3月1日朝野黨團聲明作出共同決議，內容包括呼籲俄羅斯停止侵略行動、要求中華民國政府積極與國際社會協調合作和持續採取保護僑民相關作為。

支持烏克蘭不單只是政府和民間團體要做的事，這次臺灣民眾的善心也令人十分震驚。外交部在3月2日便成立了成立賑濟烏克蘭專戶，截至3月13日賑濟專戶已經累積5.7億台幣，前往外交部物資收集站捐贈物資的人龍更是絡繹不絕。借鑑香港人的視野，自從在反修例事件中各國際救援組織對諸多人道危機的無動於衷，加上香港宣明會曾發生多次認養爭議，譬如有贊助者多年來與受助兒童以英語作書信往來，在見面時卻發現對方原來不諳英語，令香港人對國際救援組織持保守態度；看到臺灣民眾如此熱心捐助，不禁令人感到疑惑。施逸翔談到對於各種的天災人禍，臺灣民眾一向樂善好施，在2011年的311福島大地震，臺灣民眾和政府的捐款更多達85億台幣，捐款額是世界排行第一。

設立難民法，現屆政府的政治動能何在？

聯合國難民署（UNHCR）預計由烏克蘭逃難的戰爭難民將會超過200萬人，最近多個組織包括台權會均向臺灣政府呼籲提供對烏克蘭人的人道援助，並完善臺灣的難民制度。但其實難民法議題早在2005年已經有討論，陸委會在2006年擬定了《政治庇護法》（後更名為《難民法》），2016年立法院便進行《難民法草案》的審查。施逸翔提到當時民進黨籍立委蕭美琴[3]與國民黨籍立委陳學聖均有支持提案，在當年完成一讀並送進內政、外交及國防兩委員會聯席審查完竣，但該草案未完成二讀和三讀，導致該法案因立法院屆期不連續而胎死腹中。他進一步解釋《難民法》立法的原因，「台權會一直有處理到來自各國尋求庇護者的個案，包括流亡藏人，但由於臺灣沒有難民法，尋求庇護者在臺灣無法取得正式的身份，在工作和求學上會遇到各種困難，最後不少外國尋求庇護者僅能離開臺灣前往外國尋求庇護。」2019香港反修例事件，自7月起便有香港抗爭者來臺尋求庇護；2020年蔡英文總統宣報成立「台港服務交流辦公室」，以專案形式處理香港抗爭者留台問題。施逸翔談到一些有關《難民法》的細節，「來自香港的抗爭者在中華民國的法律下並不是外國人。現時香港抗爭者來臺尋求庇護的法律支撐源自《香港澳門關係條例》第18條；[4]但外國人來臺尋求庇護則沒有相應的法律條文。」即是假設有烏克蘭戰爭難民來臺尋求庇護的話，按照現時的法律框架，臺灣政府將無能為力，烏克蘭難民的權益沒有明確的法律條文保障，這些烏克蘭難民的境遇會比香港政治難民更糟。

此外，民眾黨秘書長暨前移民署長謝立功在3月11日召開的記者會上，也呼籲政府盡快完善難民制度。謝立功提到臺灣在2013年進行第一次的國家人權報告國際審查，結果指出臺灣當時的法律沒有確立「不遣返原則」（non-refoulement）。當時審查委員會包括了孔傑榮

(Jerome A. Cohen)等人權與法律相關著名學者，委員會建議臺灣盡快進行《難民法》的立法。臺灣《難民法》由2006年審議至今已經16年，為何《難民法》會延宕至今，施逸翔回應說，「目前最大的困難是推動難民法對執政黨沒有政治動能。」

對岸惘惘的威脅

俄羅斯入侵打破了歐洲長穩的和平局面，極權體制顯示其對外擴張的野心，烏克蘭戰爭無疑是向臺灣再次敲起的警號。關於對中共的態度，施逸翔表示，以往臺灣和中國的交流十分密切，三四年前和中國的氣氛並未像如今般僵硬；但早在2012年中國在釣魚台的衝突宣布擴大領海基線，施逸翔便已經體會到中共的野心，直至近年香港的反修例事件以及中共的戰狼式外交，更是讓兩岸關係陷入劍拔弩張的狀態。

「過往對岸的威脅會被政治人物當作選舉的政治動員工具，但現在威脅程度超出了我們可忍受的範圍。」根據國防部公開資訊，2017年共機擾臺有17次，但在2021年共機擾臺次數上直至950次。《The Economist》（經濟學人）期刊在2021年4月刊封面便指臺灣是世界上最危險的地區。自1996年台海危機以來，臺灣從未受到這樣的軍事威脅。而有關臺灣民眾的看法，則可以參考大陸委員會在2021年進行的民調，當中有一題問及「請問您認為中國大陸政府對我們政府的態度是友善，還是不友善？」，近七成的臺灣民眾均認為不友善。

施逸翔指出，「近期臺灣已經積極提升國軍戰力，並且推動全民國防，最近國防部更試行教育召集新制。」2022年1月1日臺灣國防部成立了全民防衛動員署，目的是透過修訂動員計畫以提升國軍戰力。最近2022年3月亦實行了教育召集新制提升後備部隊的戰力，新舊制的不同分別是舊制訓練天數為5至7天，新制延長至14天；以及戰鬥訓練由12小時延長至56小時。

戰爭的爆發令人嘩然，對臺灣人來說更是有深厚的含意，當問及施逸翔對當下事件有甚麼感受時，施逸翔回道：「我作為人權工作者，以前看到艾未未的紀錄片《老媽蹄花》已經體會到中共對人權的打壓。」新冠肺炎疫情加上俄羅斯的入侵，徹底改變了1990年代以來的全球化的夢想，臺灣面對疫情凸顯的貧富懸殊問題與全球貿易體系巨變，未來的挑戰還會接踵而至，但勇氣永遠是最重要的。

正如英國首相邱吉爾的名句所言："Success is not final; failure is not fatal. It is the courage to continue that counts."。

1 2017年3月19日文山社區大學員工李明哲從澳門入境中國遭到中國政府關押 2017年11月28日中國以「顛覆國家政權罪」判處李明哲徒刑五年。

2 https://www.president.gov.tw/NEWS/11453

3 民進黨國際部主任，現任駐美代表

4 全文：對於因政治因素而致安全及自由受有緊急危害之香港或澳門居民，得提供必要之援助。

附錄

APPENDIX

附錄：俄烏衝突時序

作者／李凱旭

1917

烏克蘭

烏克蘭人民共和國隨二月革命爆發成立，並於1918年1月22日宣布從俄羅斯獨立，成為烏克蘭第一個獨立國家。於1919年1月22日與自1918年11月1日從奧匈帝國獨立的西烏克蘭人民共和國合併，但於1921年3月18日的里加條約被波蘭第二共和國及蘇聯治下的烏克蘭蘇維埃社會主義共和國瓜分。

俄羅斯

二月革命及十月革命爆發，俄羅斯帝國終結，不少蘇維埃政府紛紛成立，俄羅斯內戰隨之爆發，最後蘇聯統一全國。

國際衝突

俄國因十月革命推翻政府而退出協約國，但無阻協約國於1918年11月11日戰勝德國為首的同盟國。

1945

烏克蘭

烏克蘭蘇維埃社會主義共和國因二戰勝利而擴大領土。

俄羅斯——蘇聯於5月9日擊敗德國，贏得二戰，並把疆土擴張至波羅的海三國，同時控制東歐各國。

國際衝突——二戰中的歐洲戰場於5月8日結束，整場戰爭於8月15日隨日本投降結束。

1954

烏克蘭——赫魯曉夫治下的蘇聯把克里米亞半島移交給烏克蘭。

1991

烏克蘭——獨立建國。（01/12/1991）

俄羅斯——八月政變後，葉利欽掌權，促使蘇聯瓦解，俄羅斯獨立。（26/12/1991）

獨聯體——前蘇聯各國獨立，獨聯體成立（8/12/1991），集安條約於15/5/1992簽訂。同年，南奧塞梯爆發戰爭（5/1/1991-24/1/1992），俄羅斯支持的南奧塞梯從格魯吉亞取得事實獨立。

納戈爾諾卡拉巴赫內戰爭激化，直到1994年5月12日才宣告結束，亞美尼亞支持的納卡從亞塞拜疆取得事實獨立。

國際衝突——東歐各國紛紛脫離蘇聯控制實行民主化，華沙條約組織於7月1日正式解散。

北約聯同沙特阿拉伯及埃及在取得聯合國授權下展開沙漠風暴行動，以設立禁飛區介入海灣戰爭，把入侵科威特的伊拉克趕出科威特（2/8/1990-28/2/1991），美國自此加強對中東事務的介入，亦示範了新一代的戰爭模式。

南斯拉夫內戰爆發，以斯洛文尼亞十日戰爭（27/6/1991-6/7/1991）開始，克羅地亞同時宣布獨立，開啟克羅地亞獨立戰爭（31/3/1991-12/11/1995）。

美國介入自1991年1月26日爆發的索馬里內戰，卻遭遇挫敗撤出。

1992

俄羅斯

境內北奧塞梯共和國與印古什共和國爆發東普里戈羅德衝突（30/10/1992-6/11/1992），由俄羅斯當局派兵平定，東普里戈羅德繼續屬北奧塞梯所有。

獨聯體

俄羅斯與亞美尼亞及除土庫曼外中亞五國於1992年5月15日簽訂集體安全條約，後來白俄羅斯加入，格魯吉亞與阿塞拜疆在1999年連同烏茲別克退出。

阿布哈茲爆發獨立戰爭（12/8/1992-27/9/1993），以俄羅斯支持的阿布哈茲從格魯吉亞取得事實獨立結束。

德涅斯特河沿岸爆發獨立戰爭（2/5/1992-21/7/1992），以俄羅斯支持，奉行蘇聯式共產主意的德涅斯特河沿岸共和國從摩爾多瓦取得事實獨立結束。

塔吉克爆發內戰（5/5/1992-27/6/1997），最後在支持政府軍的俄羅斯以及其他中亞國家介入下調停。

國際衝突　波斯尼亞與塞爾維亞為首的南斯拉夫聯盟與境內自行獨立的塞族共和國爆發戰爭，戰火波及克羅地亞，戰爭自 1/4/1992 持續到 14/12/1995，最後要北約介入及聯合國調停，波斯尼亞取得獨立，但塞族共和國取得絕對性的自治權。

1993

俄羅斯　炮打白宮（4/10/1993），葉利欽從俄羅斯議會收回權力，自此俄羅斯總統大權獨攬。

1994

烏克蘭　烏克蘭簽署《布達佩斯備忘錄》（5/12/1994）放棄核武器及加入核不擴散條約。

獨聯體　在蘇聯解體後取得事實獨立的車臣共和國與虐圖收復車臣的俄羅斯爆發第一次戰爭（11/12/1994-31/8/1996），最後以俄羅斯撤出保住車臣獨立地位。

1996

烏克蘭　烏克蘭通過新憲法確立半總統共和制及使用格里夫納作貨幣，以鞏固主權及克服經濟危機。

1997

俄羅斯

俄羅斯加入 G8 集團，地位被國際承認。

1998

俄羅斯

1997 年的亞洲金融危機打擊俄羅斯外匯儲備，使俄羅斯於 1998 年爆發金融危機，8 月 17 日宣布盧布貶值。

獨聯體

格魯吉亞族的遊擊隊對俄羅斯扶持的阿布哈茲發動戰爭（20/5/1998-26/5/1998），最後以阿布哈茲取得勝利。

國際衝突

科索沃爆發獨立戰爭（28/2/1998-11/6/1999），北約介入戰爭，對付塞爾維亞為首的南斯拉夫，最後以科索沃取得獨立告終。俄羅斯的志願者及傭兵幕後加入戰爭支援南斯拉夫，使南斯拉夫與俄羅斯變得友好。

1999

俄羅斯

達吉斯坦分離主義分子發動達吉斯坦戰爭（7/8/1999-14/9/1999）爭取獨立，最後以俄羅斯政府取得勝利，同時引爆第二次車臣戰爭。

第二次車臣戰爭於 1999 年 8 月 26 日爆發，俄羅斯於 2000 年 5 月攻陷車臣首都格羅茲尼，然而車臣武裝分子仍持續游擊戰，部分激進者更發動 2002 年莫斯科歌劇院脅持人質事件及 2004 年別斯蘭中學人質事件，最後到 2009 年 4 月 16 日才宣告結束戰爭。

2000

國際衝突

捷克、匈牙利、波蘭於1999年3月12日加入北約，此為首次有前華約國家加入北約。

俄羅斯

葉利欽於1999年12月31日突然辭職，普京於2000年1月1日臨危受命擔任總統，並於2000年3月26日宣布正式擔任總統，開啟普京執政年代。

2001

獨聯體

車臣遊擊隊配合格魯吉亞遊擊隊與阿布哈茲軍隊於科多里爆發衝突（4-18/10/2001），以阿布哈茲取得勝利。

國際衝突

俄羅斯與中亞四國及印度巴基斯坦與伊朗於2001年6月15日加入中國牽頭的上海合作組織，加強成員國的包括軍事的全方位合作。

美國遭受911恐怖襲擊，同年10月7日以反恐為名發動阿富汗戰爭，一個月內推翻塔利班政權，扶植世俗化的阿富汗共和國政權。

2003

獨聯體

格魯吉亞於2003年11月3至23日爆發玫瑰革命，反對總統謝瓦爾德納澤的貪腐，最終使得總統辭職，薩卡什維利於2004年1月4日當選總統，實行親西方政策。同年，格魯吉亞境內的阿查拉自治共和國爆發迷你玫瑰革命（23/11/2003-20/7/2004），該共和國總統阿巴希澤拒絕服從中央政府，因此新當選的薩卡什維利派兵平定局勢，連同當地的示威者迫使阿巴希澤下台。此被視為顏色革命的一部分。

國際衝突

美國以伊拉克薩達姆政權藏有大殺傷力武器為由率領聯軍於2003年3月20日出兵伊拉克，半個月內以斬首式行動佔領首都巴格達，扶植新政府，但卻陷入持續的治安戰，直到2011年12月8日才正式撤軍，僅留少數軍官負責訓練。

2004

烏克蘭

烏克蘭因總統選舉違規而於2004年10月31日爆發橙色革命，最後最高法院宣布於12月26日重選，尤先科勝選，自始烏克蘭變得親近西方。此被視為顏色革命的一部分。

國際衝突

保加利亞、愛沙尼亞、拉脫維亞、立陶宛、羅馬尼亞、斯洛伐克、斯洛文尼亞於3月29日加入北約，此為首次有前蘇聯加盟國加入北約。

捷克、斯洛伐克、斯洛文尼亞、波蘭、匈牙利、愛沙尼亞、拉脫維亞、立陶宛、塞浦路斯、馬耳他於5月1日加入歐盟，此乃首次有華約及前蘇聯加盟成員國加入歐盟。

2005

獨聯體

吉爾吉斯爆發鬱金香革命（22/3/2005-11/4/2005），民眾不滿國會大選結果，及總統阿卡耶夫貪腐，因而上街示威及佔領政府建築，最後阿卡耶夫出逃俄羅斯，正式辭職重新舉行選舉。同年，哈薩克部分民眾也不滿當年的總統大選腐敗，一度打算仿傚鬱金香革命，但未有引發大規模革命。此被視為顏色革命的一部分。

2006

獨聯體

白羅斯爆發牛仔褲革命（19-25/3/2006），民眾不滿總統盧卡申科賄選，紛紛上街示威，但遭警方鎮壓驅散。此被視為顏色革命的一部分。

2007

國際衝突

保加利亞及羅馬尼亞於1月1日加入歐盟。

2008

烏克蘭

烏克蘭開始申請加入北約，但一直未有進展。

俄羅斯

普京任期結束，改任總理，梅德韋杰夫擔任總統，但仍由普京幕後執政。

獨聯體

南奧塞梯與格魯吉亞爆發戰爭（1/8/2008-26/8/2008），俄羅斯軍事介入，於兩日內迫使格魯吉亞撤出南奧塞梯，俄軍更全面空襲格魯吉亞，一度迫近首都，直到8月22日才撤出。

2009

俄羅斯

隨著第二次車臣戰爭結束，當中一些伊斯蘭原教旨主義者成立高加索酋長國取代已被俄羅斯清剿的伊奇克里亞車臣共和國，並自2009年4月16日在整個北高加索地區發動一系列武裝衝突，當中包括了一些恐怖襲擊如莫斯科地鐵爆炸案。

自2015年，更加入成為伊斯蘭國的一部分，只是在俄羅斯政府清剿下，已在

2017年12月19日消聲匿跡。

獨聯體

摩爾多瓦爆發葡萄革命（6-12/4/2009），民眾不滿摩爾多瓦共和國共產黨人黨於國會選舉賄選，紛紛上街遊行，最後演變成街頭衝突，最後以國會重選作結，共產黨人黨因其他黨派組成執政聯盟而變成了在野黨。此被視為顏色革命的一部分。

國際衝突

亞爾巴尼亞及克羅地亞於2009年4月1日加入北約。

2010

烏克蘭

親俄的亞努科維奇贏得總統選舉，成為總統，任內與俄羅斯建立更緊密關係。

獨聯體

吉爾吉斯爆發革命，政府關閉媒體的舉動引爆民眾對總統巴基耶夫腐敗的不滿，因而上街示威並佔領國會大樓，迫使巴基耶夫次日出逃，直到4月15日成立臨時政府。但族群間的矛盾，卻導致南部及與烏茲別克接壤地區自5月19日起爆發吉爾吉斯族與烏茲別克族之間的種族衝突，衝突更蔓延至烏茲別克邊境地區，最後需派兵平定，6月16日才恢復穩定。此被視為顏色革命的一部分。

塔吉克爆發伊斯蘭民兵叛亂（19/9/2010-8/2012），烏茲別克裔的伊斯蘭民兵在東部與塔吉克軍隊衝突，並於2012年7月21日在戈爾諾－巴達赫尚自治州發動襲擊，最後由塔吉克軍隊派大軍平定叛亂。

2011

俄羅斯

俄羅斯爆發雪白革命（4/12/2011-18/7/2013），莫斯科及聖彼得堡等大城市因不滿國會選舉的舞弊而上街示威，成為自蘇聯解體以來最大的示威運動，當普京於2012年5月6日再度就任總統時，民眾更大規模聚集各大城市示威，但被警方鎮壓驅散，整場運動自2013年7月18日式微。此被視為顏色革命的一部分。

國際衝突

阿拉伯之春爆發，中東各國出現大大小小的示威以至動亂，最終也門及敘利亞爆發持續的內戰。北約於3月17日以設立禁飛區為由介入利比亞內戰，於10月20日完全推翻卡達菲政府。

敘利亞內戰升溫，政府軍、自由軍、庫爾德部隊，以及伊斯蘭極端主義者陷入混戰，西方陣營、土耳其、俄羅斯各自支持不同陣營，使得戰爭持續至今。

2012

俄羅斯

普京重新擔任總統至今。

俄羅斯於2012年8月決定興建北溪二號天然氣管道直接通過波羅的海接通德國芬蘭瑞典丹麥，由於天然氣不再需要經烏克蘭進入歐洲，亞努科維奇爭取參與北溪二號建設的努力白費。

2013

烏克蘭

由於亞努科維奇中斷與歐盟簽署自貿協議，改與俄羅斯親近，使得烏克蘭革命於11月21日爆發，最後於2014年2月23日以亞努科維奇逃亡俄羅斯結束，親西方的波羅申科上台。此被視為顏色革命的一部分，並直接引發了俄羅斯吞併克里米亞及於頓巴斯發動內戰，以及後來的俄烏戰爭。

國際衝突

克羅地亞於7月1日加入歐盟。

2014

烏克蘭

俄烏戰爭正式爆發，當烏克蘭革命結束並奠定親西方的局面後，克里米亞於2月23日爆發親俄示威，俄軍趁機於2月27日接管克里米亞議會及各重要軍政要地，黑海艦隊同時佔領烏軍海軍基地，瓦解烏軍在克里米亞的軍力，部分烏軍及警察還有國家安全局人員甚至倒戈加入俄軍。在俄羅斯扶植下，克里米亞於3月16日舉行獨立公投，宣布獨立後翌日宣布加入俄羅斯聯邦，至此成為俄羅斯控制地區。

同時間，烏克蘭東部與南部自2月2日爆發連串親俄示威，直接引爆烏克蘭內戰。

親俄武裝分子於4月6日至7日佔據了頓內茨克、盧甘斯克、哈爾科夫等大城市的政府機構，宣稱成立「頓內茨克人民共和國」、「盧甘斯克人民共和國」及「哈爾科夫人民共和國」，一些城市的烏克蘭軍隊及警察不敵親俄武裝，棄械投降或撤出。不過，烏克蘭武裝部隊仍成功在4月8日奪回哈爾科夫，使親俄分子控制範圍只限於頓巴斯地區。

親俄派於5月9日在偽裝成民兵的俄軍士兵協助下，佔領馬里烏波爾，並於5月11日舉行獨立公投，烏克蘭國民衛隊試圖阻止但不成功，而親俄分子則宣稱大部分人支持獨立，故正式宣布頓內茨克與盧甘斯克獨立，同時組成新俄羅斯聯邦，申請加入俄羅斯聯邦。俄羅斯雖未有正面回應這兩州的加入，只稱沒有義務插手，但稱尊重兩州人民的公投意願。5月25日烏克蘭的總統選舉，兩州因親俄武裝分子阻撓，而未能開放投票。直到5月26日，親俄武裝佔據頓內茨克機場，烏軍決定派大軍連同民間的志願者重奪機場，這被視為烏軍反攻的重要行動。

6月13日，烏軍與亞速營重奪馬里烏波爾，把頓內茨克州的首府臨時遷至此處。6月20日，烏克蘭總統波羅申科提出停火，但和談未有達成，雙方於7月重新開火，烏軍亦成功奪回部分城市如斯拉維揚斯克。7月17日，親俄武裝分子於頓內茨克以山毛櫸導彈擊落馬航MH17客機，使得全球關注這場戰爭，呼籲停戰。在各方促使下，烏克蘭與親俄武裝於9月5日簽訂停火協議，但雙方仍偶有衝突，親俄武裝仍有繼續襲擊頓內茨克機場，並於10月1日再次佔領機場。

針對是次戰爭，美國自12月起決定為烏克蘭提供軍備，並給予烏克蘭與格魯吉亞及摩爾多瓦北約外盟友的地位。另外，歐盟早於6月27日與烏克蘭簽訂《烏克蘭-歐盟聯合協議》的經濟部分，加強合作。

俄羅斯

俄羅斯舉行索契冬奧（7-23/2/2014），成為蘇聯解體後俄羅斯第一場重要的國際體育盛事，俄羅斯打算藉此增強國際形象，卻因禁藥爭議令其蒙上陰影。俄羅斯因歐美實行經濟制裁，經濟出現困境，盧布開始貶值。

國際衝突

伊斯蘭國崛起，於1月1日佔領伊拉克費盧傑後大量擴張領土，並佔領伊拉克摩蘇爾及敘利亞拉卡作為主要根據地。伊斯蘭國拉攏不少外國的伊斯蘭恐怖組織作為分支，並在全球多國發動各類型恐襲，困擾全世界。伊斯蘭國在敘利亞及伊拉克不斷擴張領土，亦影響內戰局勢，迫使衝突中的各方集中精力應對。

歐盟及美國加拿大因俄羅斯吞併克里米亞，於3月17日克里米亞公投後開始對俄羅斯實施經濟制裁，澳洲及多個東歐及北歐非歐盟國家隨後跟上。歐洲委員會隨後於4月10日終止俄羅斯投票權，美國則於4月28日限制與俄羅斯公司的交易。此後，制裁令曾多度擴充。八大工業國集團（G8）也因此取消其會籍，使組織改稱七大工業國集團（G7）。

2015

烏克蘭

2015年1月22日，烏克蘭政府軍最終不敵親俄武裝，放棄頓內茨克機場。政府控制的馬里烏波爾被親俄武裝的火箭炮攻擊，幸好烏軍成功阻擋親俄武裝的攻勢。不過，烏克蘭軍仍難以阻擋親俄武裝在傑巴利采韋的攻勢。

俄烏兩國在白俄、法國及德國元首的參與下於2月12日簽訂新明斯克停火協議，撤離重型武跆及建立軍事緩衝區。不過，烏克蘭的極右人士不願停火，一度封鎖烏軍的司令部。不過，烏軍最後仍決定停火及撤離傑巴利采韋，使得親俄武裝佔領該處。

5月20日，頓內茨克人民共和國及盧甘斯克人民共和國因明斯克協議，決定暫停向俄羅斯聯邦的合作，雙方獨立運作。

國際衝突

俄羅斯自9月30日直接派兵介入敘利亞內戰，向反對派展開空襲，當中包括北約支持的自由軍及庫爾德部隊，更派遣地面部隊協助政府軍清剿反對派武裝。雖然，北約與俄羅斯一度聯手對抗伊斯蘭國，但此後仍是以對抗為主，使敘利亞內戰被視為後冷戰時代的代理人戰爭之一。

俄羅斯與歐洲多國於6月簽訂興建北溪2號天然氣管道協議，但遭遇歐洲多國不少批評聲音，認為此影響歐洲的能源自主，亦影響對俄制裁的效果。不過，工程仍然於2018年5月在得到德國的批准後開展。

2016

烏克蘭

烏克蘭與盧甘斯克的親俄武裝在斯維特洛達爾西克爆發戰役，由12月18日持續到23日，被視為五個月以來最血腥的戰鬥。

獨聯體

亞美尼亞與阿塞拜疆軍隊4月1日於納戈爾諾卡拉巴赫爆發衝突，一日後停火，並於4月5日簽訂停火協議，是為1994年以來最嚴重衝突。

2017 國際衝突

黑山共和國於6月5日加入北約。

2018 烏克蘭

俄羅斯貨船11月25日攔截3艘烏克蘭軍艦，阻止其通過克里米亞大橋穿過刻赤海峽，俄羅斯於是向烏克蘭軍艦開火及派巡邏艇扣押軍艦。烏克蘭於是實施30日戒嚴令，西方國家於是追加制裁。俄羅斯方面則加強邊界軍事活動，俄烏關係惡化。肇事貨輪於2019年7月25日被烏克蘭扣留，迫使俄羅斯11月17日歸還烏克蘭軍艦及釋放被扣押的海軍人員。

獨聯體

亞美尼亞爆發天鵝絨革命，民眾為抗議前總統薩爾基相企圖透過改行議會制擔任總理再次掌權，於4月12日示威抗議，更一度封鎖國會入口阻止投票，最後當選的薩爾基相迫於壓力於5月8日請辭。此被視為顏色革命的一部分。

2019 烏克蘭

烏克蘭於3月及4月舉行總統大選，最後以人民公僕黨的澤連斯基勝算，隨即他解散國會提前於7月選舉，人民公僕黨取得絕對多數席位。比起波羅申科，澤連斯基並未如他那般強調國族主義，溫和處理頓巴斯戰爭。

俄羅斯總統普京於4月24日簽署簡化盧甘斯克及頓內茨克居民取得俄羅斯護照的命令，引起烏克蘭及美國抗議。

俄烏及親俄武裝分子還有歐洲安全合作組織在明斯克舉行會議，決定讓親俄武裝控制區可舉行選舉及實行自治，烏軍亦從這些領土撤軍，引起烏克蘭多個城市爆發示威及要求重新談判。

烏克蘭與親俄武裝分子交換戰俘，人數多達200人。

2020

烏克蘭

由於新冠疫情流行，使得頓巴斯地區生活條件惡化，3月爆發的戰鬥亦開始增加，造成不少平民傷亡。頓內茨克關閉大部分與烏克蘭接壤的邊境關卡，只開放與俄羅斯的邊界。

烏克蘭與親俄武裝於7月27日簽訂新的和約，總算達到全面停火，連續一個月未有人員傷亡。

俄羅斯

因調查普京貪腐指控聞名的俄羅斯反對派領袖納瓦尼指稱於2020年8月19日被俄羅斯政府投毒，於是前往德國治療，但卻被俄羅斯當局以涉及訴訟凍結帳戶。次年1月17日回俄羅斯時被俄羅斯政府逮捕，引發俄羅斯自普京執政以來最大規模示威。在警方武力鎮壓及驅散下，示威於4月2日式微。

獨聯體

白羅斯爆發拖鞋革命（24/5/2020-25/3/2021），抗議政府抗疫不力及反對總統盧卡申科試圖六度連任。盧卡申科於8月9日被指操控選舉以連任，故更多民眾上街示威抗議，被警方武力鎮壓。示威持續到翌年三月才漸漸式微，但政府仍繼續搜捕示威者。歐美各國紛紛對白羅斯政府實行制裁，而本來打算與俄羅斯保持距離的盧卡申科則決定與俄羅斯更為接近，更加強與俄羅斯的軍事聯繫。此被視為顏色革命的一部分。

亞美尼亞與阿塞拜疆於7月12日在邊界的吉武什省及塔烏茲區爆發衝突，持續了4天後停火。

7月23日，亞美尼亞與俄羅斯進行聯合防空系統演習，而一周後阿塞拜疆則與土耳其進行演習，亞美尼亞後來則於9月下旬與俄羅斯在理論上屬於格魯吉亞的阿布哈茲及南奧塞梯軍演，土耳其則支持阿塞拜疆及格魯吉亞領土完整，並指有庫爾德人進入納卡地區訓練當地軍隊。這些舉動，成為了納卡戰爭的導火線。

阿塞拜疆與亞美尼亞於9月27日正式在納卡爆發戰爭，雙方皆指是對方先開炮造成己方平民傷亡。戰爭進一步擴大，有土耳其支援的阿塞拜疆佔領了納卡大部分地方，亞美尼亞於是請俄羅斯協助及斡旋，最後以納卡大部分地區被阿塞拜疆收回告終，俄羅斯則派維和部隊進駐納卡。

由於亞美尼亞的挫敗，亞美尼亞民眾自11月10日開始示威抗議，要求簽署停火協議的總理帕希尼揚辭職，就連亞美尼亞軍隊總參謀部也要求他下台，帕希尼揚指這是未遂的政變。

吉爾吉斯民眾於10月5日抗議國會選舉舞弊，更一度佔領議會大樓及進入國安委員會監獄釋放前總統阿坦巴耶夫。選舉最終被宣布無效重選，並由親俄的扎柏羅夫擔任代理總

國際衝突

理，後來於次年1月28日當選總統，使吉爾吉斯變得更為親俄。

北馬其頓於3月27日加入北約。

俄羅斯自12月起調派維和部隊進駐中非共和國，應對自2012年12月10日起爆發的派系內戰，此被視為俄羅斯介入非洲事務的重要里程碑。

2021

烏克蘭

2月22日，烏克蘭與親俄武裝分子再次交火，使得衝突重燃，烏克蘭總統澤連斯基強調想透過外交終止衝突，但已準備好自衛，隨時可應戰。此後，烏克蘭與親俄武裝戰火重燃。

3月3日，頓內茨克人民共和國開始獲准先發制人摧毀烏克蘭軍事要地。烏克蘭於3月16日發現俄羅斯直升機進入烏克蘭境內，俄軍於10日後向烏克蘭軍事基地發射迫擊炮，導致烏軍4人死亡，俄羅斯於4月1日拒絕續簽頓巴斯地區的停火協議。總統澤連斯基於3月24日簽署「2021年第117號令」，讓烏克蘭重新佔領克里米亞半島以恢復烏克蘭領土完整。

烏克蘭自4月會議計劃鞏固邊境與關鍵設施的防衛，應付俄羅斯威脅。烏克蘭被俄羅斯指控於4月3日派無人機空襲親俄武裝控制地區，造成兒童死亡。4月6日，烏克蘭於頓內茨克州的軍事基地遭親俄武裝炮轟。於是，烏克蘭封鎖北克里米亞運河，中斷對俄佔克里米亞的供水。4月14至15日，烏克蘭海軍的裝甲炮艇與俄羅斯海巡隊艦艇於亞速海爆發衝突，幸而未有造成進一步交火。

烏克蘭於11月指責俄羅斯是烏克蘭一系列反疫苗及反政府集會的幕後推手，並於11月26日指俄羅斯與烏克蘭寡頭阿赫梅托夫密謀推翻其政府，並於12月呼籲可對俄羅斯採取先發制人行動。俄羅斯則於12月1日指烏克蘭在頓巴斯部署了一半軍隊（125000士兵）對抗親俄武裝，認定烏克蘭違反明斯克協議並計劃入侵頓巴斯。同時指烏克蘭正用TB2無人機對令親俄武裝分子，指責烏克蘭正採取挑釁行動。烏克蘭同時讓國土防衛隊額外招募平民，訓練他們游擊戰術及武器使用，以進行城市抵抗。

俄羅斯

俄羅斯針對北約就俄烏衝突加劇的軍演，而向西部邊境及克里米亞增兵，派出28個營級戰鬥群進行「西部2021」軍演。

俄羅斯海軍裡海艦隊與黑海艦隊於4月進行海軍演習，練習跨海穿越登陸戰，並封鎖黑海部分海域禁止通航。俄軍在5月1日4演習部隊返回各自基地，準備9月再與白羅斯舉行聯合軍演。

10月11日，俄羅斯聯邦安全會議副主席表示烏克蘭為西方附庸，認為與烏克蘭接觸毫無意義，俄羅斯政府亦附和。

俄羅斯11月集結了10萬軍隊，高於美國預估的7萬人，單單俄烏邊境就有9萬多人及短程彈道導彈。

俄羅斯於12月要求北約停止在俄羅斯邊界進行軍事行動，及用現代武器武裝烏克蘭。

烏克蘭及美國分別認定俄羅斯可能會出現大規模升級，時間將會在1月底，美國更指這會是大規模進攻。情報認為，俄羅斯第41軍及第1近衛坦克軍的主要人員重新部署到西部，第20及第8近衛軍則加強在烏克蘭邊境的部隊，另外克里米亞已部署更多陸軍及陸軍。

獨聯體

吉爾吉斯與塔吉克於4月28日在科克塔什的邊界因爭奪水資源爆發衝突，並於5月1日停火。可是，雙方後來仍有零星邊界衝突，需要俄羅斯調停。

國際衝突

北約針對俄烏局勢升溫，於3月16日啟動「歐洲防衛2021」軍演，為北約數十年來最大規模軍演，人數達2·8萬。

應對俄烏局勢升級，美國於11月於黑海部署軍艦，引起俄羅斯抗議，但認為美國其實是探索行動區以防基輔方面武力解決東南部衝突。

美國於12月額外撥出2億美元國防援助給烏克蘭，使2021年的總援助高達6·5億美元，並批准波羅的海三國與美國運送各式武器，以防空系統及導彈為主。

1月10日，烏克蘭逮捕據稱是俄羅斯的軍事情報人員。1月14日烏克蘭多個政府部門網絡懷疑遭俄羅斯黑客襲擊。同日，烏克蘭指俄羅斯特工打算借挑釁駐德涅斯特河沿岸的俄羅斯士兵，來為俄羅斯入侵製造借口。

針對俄羅斯威脅，總統澤連斯基於2月1日簽署法令，決定增加軍隊人數至10萬人。

2月15日，烏克蘭軍隊、國防部及主要銀行網絡遭網絡攻擊，被視為戰爭的前哨戰。烏克蘭指俄羅斯並未撤軍。

2月17日，烏克蘭與親俄武裝交戰，烏克蘭有幼稚園被親俄武裝砲擊，雙方互指對方違反停火協議。

2月18日，親俄武裝分子控制的頓內茨克市及盧甘斯克市發生三起爆炸事件，但未有人員傷亡。同日，烏克蘭遭親俄武裝砲擊，亦有聯合國人道主義車隊受親俄武裝砲擊。24小時內，共有66起親俄武裝違反明斯克協議的事件。盧甘斯克及頓內茨克親俄武裝下達全面動員令，召集後備軍人全面動員，並下令70萬居民疏散至俄羅斯。

2月23日，針對俄羅斯隨時的軍事行動，烏克蘭進入緊急狀態。同日，多個政府機關及銀行網絡遭到網絡襲擊，疑為俄羅斯發動。烏克蘭決定推行特殊時期的預備役制度，徵募18至60歲的預備役軍人。

2月24日，針對俄羅斯授權俄軍進行「特別軍事行動」，烏克蘭進入戰時狀態，實施戒嚴，全日拉響防空警報。於當日清晨，烏克蘭被俄羅斯正式入侵。

俄軍於烏克蘭時間清晨3時半封閉亞速海，5點首先從克里米亞登陸南部海港城市敖德薩及馬里烏波爾，同時對基輔、哈爾科夫、敖德薩和頓巴斯進行砲擊。

早上6時半，俄軍派遣陸軍及空降軍從東部及北部白羅斯進軍哈爾科夫與首都基輔。海軍及空軍一度被傳被全殲，但後來證實為誤傳。

早上7時，澤連斯基宣布實行戒嚴。眾多民眾紛紛逃離烏克蘭。

早上9時40分，烏克蘭攻擊俄羅斯喬特基諾。

早上10時，烏克蘭擊退俄羅斯對華倫州的進攻，並於10時30分開始收復馬里烏波爾及夏斯季耶，而俄軍佔領基輔安托諾夫機場。

早上11時，俄軍攻入維利恰，並轟炸日托米爾州的烏軍，同時以導彈襲擊基輔、敖德薩、哈爾科夫、利沃夫，部分飛彈來自白羅斯。布格列達爾有醫院遭轟炸，蛇島亦有俄羅斯軍艦進佔，另外俄軍控制切爾諾貝爾核電廠，以及克里米亞北部運河。

下午4時，基輔市長宣布宵禁。

晚上10時，俄軍佔領蛇島，烏軍一度奪回安托諾夫機場。被俄羅斯海軍封鎖港口的赫爾松被俄軍於晚上攻擊，有士兵自殺式引爆赫尼切斯克大橋以阻擋俄軍攻勢。

2月25日，凌晨1時半，俄軍從蘇梅撤退。早上，俄軍包圍新卡霍夫卡市。中午，俄軍使用繳獲的烏軍軍車進入基輔，試圖進行斬首行動。切爾尼戈夫也被俄軍封鎖。不過俄軍直到晚間仍未奪取到烏克蘭制空權。同時，烏克蘭朝俄羅斯米列羅沃空軍基地發射導彈，摧毀2架蘇-30戰機。

2月26日凌晨，瓦西里基夫戰役爆發，基輔多處出現爆炸，俄烏兩軍在特洛伊希納北部的CHP-6發電站交戰。早上8點，澤連斯基發布在基輔拍下的影片，證明他沒有離開。烏軍在基輔勝利大道擊退俄軍攻勢，亦擊落俄羅斯空降軍的伊-76運輸機及襲擊了一個56輛坦克組成的車隊，俄軍攻擊基輔一家兒童醫院，造成兒童傷亡。俄羅斯一度稱已佔領梅利托波爾，但直到3月1日才完全佔領。晚上，俄軍進一步推向埃涅爾戈達爾和扎波羅熱核電廠，有日資貨船及摩爾多瓦船隻在黑海被攻擊。

2月27日，馬里烏波爾有希臘僑民被俄羅斯導彈攻擊死亡，哈爾科夫有天然氣管道被俄軍炸毀，瓦西里基夫的油夫及基輔國際機場受空襲。盧甘斯克人民共和國控制的羅韋尼基石油碼頭被烏克蘭導彈擊中。俄羅斯稱以完全包圍赫爾松和別爾江斯克。全球最大的安-225貨機於戈斯托海利機場被俄軍摧毀。

2月28日上午，烏克蘭與俄羅斯代表於烏白邊境談判，持續到晚上，但未有進展。俄羅斯宣稱已控制別爾江斯克、埃涅爾戈達爾和扎波羅熱核電廠，但烏克蘭否認。有消息指俄羅斯傭兵組織華格納他團被重新部署到基輔暗殺澤連斯基。俄羅斯空軍少將蘇霍維茨基被烏軍狙殺。

3月1日，俄軍砲擊切爾尼戈夫及哈爾科夫，但遭烏軍反擊。俄羅斯導彈擊中哈爾科夫自由廣場及州政府大樓，造成平民死亡。同日，俄羅斯攻擊基輔電視塔，影響當地電視訊號。澤連斯基允許外國志願者加入對抗俄軍。

3月2日，俄羅斯正式佔領赫爾松及特羅斯佳涅茨，但烏軍重奪馬卡里夫。馬里烏波爾三面被圍，俄羅斯亦襲擊哈爾科夫的軍用醫院。孟加拉散貨船被導彈擊中，導致孟加拉工程師死亡。《烏克蘭真理報》引述情報部門消息指，親俄前總統亞努科維奇身處明斯克，以便烏克蘭投降後任總統。

3月3日，俄烏會談決定臨時開放人道主義走廊。愛沙尼亞貨船赫爾號被水雷擊沉，烏克蘭護衛艦由烏軍於尼古拉耶夫港主動鑿沉。烏克蘭國會通過法案允許沒收俄羅斯政府或僑民資產。俄軍宣布佔領巴拉克列亞，美軍指早前在邊境集結的俄軍已有90%入境。

3月4日，札波羅結核電廠被俄軍擊中起火，俄軍其後佔領核電廠。

3月5日，俄羅斯於9點停火，開放馬里烏波爾及沃爾諾瓦哈的人道主義通道。不過，烏克蘭指俄羅斯仍繼續襲擊，影響民眾撤離，俄羅斯則指烏克蘭無意延長停火期，故下午5點起重啟對馬里烏波爾的進攻。俄軍佔領了布恰及霍斯托梅。

3月6日，馬里烏波爾嘗試撤離平民但失敗。加夫里什夫卡－文尼察國際機場被俄羅斯導彈摧毀。

3月7日，俄羅斯宣布在俄羅斯多個城市開放人道主義走廊，但烏克蘭指這些走廊只能通往俄羅斯或白羅斯，且有人道物資通道被埋下地雷。下午2點，俄烏舉行第三輪會談。烏軍於哈爾科夫反攻，奪回尼古拉耶夫機場。烏軍以火箭擊中砲擊蛇島的俄國軍艦。

3月8日，馬里烏波爾及哈爾科夫繼續被空襲，烏克蘭宣稱擊斃俄41軍參謀格拉西莫夫少將，為第二名俄羅斯死亡的高級軍官。

3月9日，烏克蘭呼籲西方國家提供戰機。烏克蘭為馬里烏波爾開啟人道走廊，俄羅斯稱會停火。

3月10日，俄軍空襲馬里烏波爾的婦幼醫院，造成包括兒童在內的平民死亡。俄烏兩國外長於土耳其安塔利亞會談，但未有進展。

3月11日，俄軍空襲第聶伯羅，靠近波蘭的盧斯科機場也遭轟炸，親俄武裝佔領亞速海港口及馬里烏波爾北部的沃爾諾瓦卡。烏軍與俄軍於伊爾平、戈斯托梅利及沃爾澤利激戰。

3月12日，梅利托波爾市長被親俄武裝分子綁架。澤連斯基指新談判可於以色列耶路撒冷舉行，由以色列總理貝內特牽頭。

3月13日，靠近波蘭的亞沃里夫國際維和中心被俄軍空襲，導致國際軍團人士死亡。紐約時報特約記者雷諾被俄軍槍殺，成為第1名在俄烏戰爭死亡的戰地記者。馬里烏波爾州立大學遭俄軍砲擊。

3月13日，安諾托夫飛機廠被俄軍砲擊，羅夫諾州也有輸電塔被導彈襲擊。烏克蘭真理報報導，俄羅斯於敘利亞招募傭兵。亞速營成功在馬里烏波爾擊毀俄軍裝甲車及格魯烏特種部隊成員。

3月15日，捷克、波蘭、斯洛文尼亞總理到基輔會見澤連斯基。俄軍稱已控制赫爾松州。俄羅斯導彈襲擊第聶伯羅彼得羅夫斯克機場，俄烏雙方代表繼續視像談判，基輔實行宵禁。

3月16日，亞速營擊斃俄150師（曾於二戰柏林插旗的隊伍）指揮官米季耶夫少將，為俄軍第4名將軍被殺。還有7名普京直屬的精銳特警隊成員被殺。俄羅斯2架蘇-30戰機於敖德薩被擊落，另有1架蘇034戰機卞切爾尼戈夫被擊落。國際法庭的調查組已抵達烏克蘭，搜集俄軍戰爭罪行證據。切爾戈尼夫布民眾買麵包被俄軍槍殺。

俄羅斯

烏克蘭推斷俄羅斯幾乎完成在烏克蘭邊境的軍事集結，共聚集了12.7萬士兵，當中10.6萬為陸軍，其他為海軍和空軍，以支持35000名親俄武裝分子及3000名已在頓巴斯地區的俄羅斯部隊，另有36套中程彈道導彈系統部黯於邊境。同時，俄羅斯向白羅斯派遣數量不少的部隊，官方說法是進行軍事演習，但美烏皆判斷是用作北面進攻之用。俄羅斯自1月起從烏克蘭撤離外交人員。

俄羅斯與白羅斯於２月10日在白羅斯舉行「聯盟雄心－２０２２」聯合軍事演習，被視為俄羅斯最後部署。

俄羅斯宣稱會從烏克蘭附近撤軍，時間剛好為烏克蘭認定的2月16日總攻日前一天，但俄軍被指並未真正撤退，立陶宛更指俄羅斯已在白俄集結４５０００士兵，威脅波羅的海三國及波蘭。同日，俄羅斯驅逐美國駐俄副大使。俄羅斯亦拒絕派員出席慕尼黑安全會議討論俄烏局勢。

2月18日，俄羅斯與白俄舉行大規模核演習。

俄羅斯總統普京於２月21日宣布承認頓內茨克人民共和國及盧甘斯克人民共和國主權，同時稱烏克蘭為蘇聯創造的國家，並不具有主權。同時，普京下令國防部派軍隊到此兩國執行「維和任務」。隨即，俄羅斯在此兩國設立大使級外交關係，並稱維和是為防止烏克蘭進行「種族滅絕」。

2月24日，普京授權俄軍於頓巴斯地區進行「特別軍事行動」，同時要求民航客機禁飛烏克蘭及俄羅斯南部空域。

2月24日，俄羅斯51座城市爆發反戰示威，雖然警方強硬鎮壓，但示威仍持續多天。有２０００多名科學家與科學記者聯署反戰，另外有上百名俄羅斯高級官員與多座城市的官員聯署譴責普京入侵烏克蘭。

莫斯科及聖彼得堡證交所暫停交易，盧布持續貶值，跌至歷史新低。俄羅斯中央銀行只能進行市場干預，以穩定市場。俄羅斯大批民眾提取現金，更有不少人紛紛逃到其他國家。

俄羅斯於2月26日封鎖Twitter。普京於2月27日宣布俄羅斯核力量進入高度戒備，並封鎖Facebook。

俄羅斯於3月4日簽訂《假新聞法》，把一眾獨立媒體正式關閉及禁止報導有關俄軍「虛假信息」，使得俄羅斯僅剩官方認可的媒體報導新聞，外媒大多撤出，而官媒不再報導俄烏戰爭的新聞。

3月6日，俄羅斯指控美國國防部資助烏克蘭進行軍事生物項目，而美國則指美方與烏方合作避免生物研究設施落入俄羅斯手中。

3月14日，俄羅斯第一頻道製片人奧斯欣妮高娃在晚間新聞直播中舉牌反戰。

獨聯體

哈薩克民眾於1月2日上街抗議液化天然氣價格飆升，要求改任國安委員會主席的納扎爾巴耶夫下台，示威很快變成武裝衝突，使總統托卡耶夫宣布進入緊急狀態，切斷網絡，並向俄羅斯為首的集體安全條約組織求助。集安組織首次派維和部隊入哈薩克鎮壓示威，並於1月14日撤離。後來，托卡耶夫肅清納扎爾巴耶夫勢力，指控他及部分軍中成員為衝突的幕後策劃者。是次俄羅斯介入哈薩克事件，被認為是俄羅斯證明地區影響力的舉動。

1月28日，白羅斯表示如俄羅斯受到襲擊，將支援參戰。

對於俄羅斯入侵，除參與俄羅斯軍事行動的白羅斯外，一眾獨聯體國家除吉爾吉斯外一律對俄羅斯的行為反對或不表示支持，吉爾吉斯雖一度支持，但在聯合國仍投下棄權票，此後更表示不贊成俄羅斯入侵。

美國自1月從烏克蘭撤離外交人員家眷，並於1月24日宣布境內8500名軍人隨時可以調派進入東歐的北約成員國，以及為烏克蘭提供第三批武器，亦回絕俄羅斯要求北約不東擴及不允許烏克蘭加入的立場。英加兩國加強對烏克蘭的軍事訓練計畫，及提供更多反坦克飛彈，丹麥、波蘭、荷蘭、加拿大也在1月中為烏克蘭提供各種武器。北約各國也自1月5日起加強對東翼的佈防。

2月初，英國、荷蘭、波蘭、土耳其政府首腦及德法外長訪問烏克蘭，支持烏克蘭捍衛主權，同時北約於俄羅斯邊境進行實彈演習，美國也向波蘭及羅馬尼亞增派3000名士兵。2月11日，駐歐美軍進行「軍刀打擊軍演」。

中俄兩國元首於2月4日會晤時，建立緊密合作關係。

2月11至13日，歐美多國紛紛撤離駐烏克蘭的外交人員。

針對俄羅斯總統普京的電視講話，美國總統拜登禁止任何美國人在頓內茨克人民共和國及盧甘斯克人民共和國從事商業活動，並聯同美國及歐盟制裁數家俄羅斯銀行。聯合國秘書長古特雷斯批評俄羅斯曲解「維持和平」的概念，認為「種族滅絕」指控需符合國際法，呼籲俄羅斯撤兵。

針對俄羅斯入侵烏克蘭，歐盟、英美澳加、以及日韓台等國紛紛對俄羅斯實際最嚴格的制裁，自2月24日起中止對俄羅斯與白俄羅斯銀行的資產往來及技術轉讓，同時禁止俄羅斯及白俄羅斯客機飛越領空，不少公司亦參與制裁，不少國際體育賽事禁止俄羅斯出賽。本已建成的北溪二號天然氣管道也停止審批。俄羅斯因此威脅禁止歐美的航空公司進入領空，禁止出口火箭引擎給歐美公司或協助執行太空任務，禁止出口糧食，以及禁止俄羅斯公民與公司向外匯出外幣，更對歐美多國政商界要員實施制裁。

北約拒絕介入俄烏戰爭，但決定連同日韓等國為烏克蘭提供更多軍備及防護用品。

全球多國舉行各式抗議，反對俄羅斯入侵烏克蘭。

歐洲議會於3月1日批准烏克蘭申請加入歐盟，開啟加入歐盟談判。

北約於3月 4日拒絕烏克蘭的禁飛區申請，擔心會引起全面戰爭，但仍繼續供應武器。

自由世界的前哨：2022 年烏克蘭戰爭

一八四一

社　　長 | 沈旭暉
總 編 輯 | 孔德維

本書主編 | 沈旭暉、孔德維、尹子軒
執行編輯 | 鄧小樺
封面設計 | 王懿萱
圖文排版 | 王氏研創藝術有限公司
文字校對 | 王晟宗、黃戈
行銷企畫 | 李囿蓁
印　　刷 | 呈靖彩藝

出　　版 | 一八四一出版有限公司
網　　站 | www.1841.co
地　　址 | 105 台北市松山區寶清街 111 巷 36 號
電子信箱 | enquiry@1841.co
Facebook | www.facebook.com/1841bookstore
Instagram | @1841bookstore @1841.co

讀書共和國出版集團

社　　長 | 郭重興
發行人兼出版總監 | 曾大福
發　　行 | 遠足文化事業股份有限公司
網　　站 | www.bookrep.com.tw
地　　址 | 231 新北市新店區民權路 108-2 號 9 樓
電　　話 | (02)2218-1417
傳　　真 | (02)8667-1065
電子信箱 | service@bookrep.com.tw
郵撥帳號 | 19504465 遠足文化事業股份有限公司
客服專線 | 0800-221-029
法律顧問 | 華洋法律事務所 蘇文生律師

初版三刷 | 2022 年 6 月
定　　價 | 380 台幣
ISBN | 978-626-95956-0-0

國家圖書館出版品預行編目

自由世界的前哨 : 2022 烏克蘭戰爭 / 沈旭暉、孔德維、尹子軒主編 . -- 初版 . -- 臺北市
一八四一出版有限公司出版 , 2022.04　　272 面；　14.8*21 公分
ISBN 978-626-95956-0-0(平裝)
1.CST: 戰爭 2.CST: 國際政治 3.CST: 文集 4.CST: 烏克蘭

542.2　　111004585